Desde el corazón, una mirada creyente de la realidad.
Artículos del Arzobispo Emérito de Mérida-Badajoz

© Celso Morga Iruzubieta

© SAN ESTEBAN EDITORIAL–EDIBESA 2026

© EDIBESA 2026
   Sede social y ediciones:
   Pza. Concilio de Trento, s/n. 37001 Salamanca
   Tfn. 923 26 47 81

© Administración y comercialización:
   c/ Juan de Urbieta, 51. 28007 Madrid
   Tfn. 913 45 19 92
   E–mail: info@edibesa.com

ISBN: 978-84-19640-80-2
Depósito legal: M-4503-2026

Diseño de cubierta e interiores: Susana Folgado Hernández

Impresión: Ulzama Digital S.L.

IMPRESO EN ESPAÑA – PRINTED IN SPAIN

AF238315

Desde el corazón,
una mirada creyente
de la realidad

*Artículos del arzobispo emérito
de Mérida-Badajoz*

Celso Morga Iruzubieta

EDIBESA

Índice de la obra

Prólogo

Monseñor Celso Morga Iruzubieta llegó a la archidiócesis de Mérida-Badajoz en 2014 procedente de la Santa Sede, donde trabajó durante 27 años en la Congregación para el Clero, el dicasterio vaticano que se ocupa de los asuntos que se refieren a la vida y ministerio de los sacerdotes católicos en todo el mundo. La visión que le proporcionó ese cargo, unido a sus conocimientos en el terreno jurídico (es Doctor en Derecho Canónico y miembro del Tribunal Supremo de la Signatura Apostólica) se percibe con claridad en la hondura que alcanzan los artículos que aborda en estas páginas sobre temas variados.

Nada más tomar posesión en la archidiócesis extremeña, unió a su pontificado su carácter abierto, sencillo y cariñoso con todos. Hombre dialogante, que sabe escuchar, siempre buscó la solución de los problemas teniendo en cuenta la situación personal de cada uno, ya que para él siempre fueron primero las personas. Con frecuencia los periodistas me recuerdan cómo los llamaba por teléfono para felicitarlos por un trabajo, cosa que agradecían sinceramente. Esa personalidad de don Celso se deja ver en cada texto que integra este libro. Son artículos caracterizados por la profundidad conceptual, la brillantez literaria y la sencillez en el estilo.

Los textos que el lector tiene ahora en sus manos no nacieron con la pretensión de formar un libro. Vieron la luz, más bien, en el cauce humilde y constante de la revista *Omnes,* al ritmo de la vida eclesial y del acontecer cotidiano que marca hitos históricos marcan a la Iglesia y al mundo en cada momento. Sin embargo, como ocurre con frecuencia con la palabra reflexionada y fiel, el paso del tiempo no los ha vuelto obsoletos; por el contrario, los ha dotado de una densidad mayor, revelando su coherencia interna y su capacidad para iluminar cuestiones variadas. Esta recopilación permite apreciar esa unidad profunda que atraviesa los escritos de Monseñor Celso Morga Iruzubieta y que justifica plenamente su publicación conjunta.

Los artículos aquí reunidos, que van desde el año 2021 al año 2025, abordan temas eclesiales de actualidad –a veces inmediatos, otras veces complejos y debatidos– junto a reflexiones de fondo que remiten a grandes constantes de la fe cristiana. No se trata, por tanto, de simples comentarios circunstanciales ni de análisis tratados puramente desde la opinión, sino de textos que buscan discernir, a la luz del Evangelio y del magisterio de la Iglesia, los signos de los tiempos. En ellos resuena una preocupación pastoral genuina: ayudar a los fieles a comprender mejor el momento histórico que viven y a situarse en él con una fe adulta, responsable y formada.

Uno de los rasgos más notables de estos escritos es su equilibrio. Monseñor Celso Morga no rehúye los temas difíciles ni las tensiones por las que atraviesan hoy la Iglesia, ni asuntos que están en el debate social como el celibato sacerdotal, el diálogo interreligioso, el aborto o la eutanasia, la objeción de conciencia…; al mismo tiempo, evita cuidadosamente tanto el alarmismo como la superficialidad. Su mirada es la de un pastor que conoce la complejidad de la realidad eclesial, pero que se niega a reducirla a categorías ideológicas o a lecturas simplistas. Desde esa perspectiva, cada artículo se convierte en un ejercicio de discernimiento sereno, donde la fidelidad a la tradición viva de la Iglesia se conjuga con una atención sincera a los desafíos del presente. La actualidad eclesial ocupa un lugar significativo en esta obra. Reformas, procesos sinodales, vida sacramental, misión evangelizadora, relaciones entre Iglesia y sociedad, cultura contemporánea: estos y otros temas aparecen tratados con claridad y profundidad sin pretensiones academicistas sino divulgativas y, por lo tanto, de una forma concisa de lectura amena y al alcance de cualquier persona. Sin embargo, el autor no se limita a describir acontecimientos ni a reproducir discursos ya conocidos. Su aportación consiste en ofrecer claves de lectura, criterios de juicio y orientaciones pastorales que ayudan al lector a ir más allá de la noticia o del debate inmediato, situándolo en un horizonte más amplio, teológico y espiritual.

Junto a estos textos más vinculados a la actualidad, el lector encontrará reflexiones de fondo que remiten a cuestiones permanentes: la identidad de la Iglesia, la centralidad de Cristo, la vocación bautismal, el sentido del ministerio ordenado, la vida espiritual en el mundo actual. Estos artículos poseen un carácter más contemplativo y formativo, y constituyen el sustrato sobre el cual se apoyan los análisis de actualidad. En ellos se percibe con especial claridad la convicción de que no puede haber una renovación auténtica sin raíces profundas, ni una acción pastoral fecunda sin una sólida vida interior.

El estilo de Monseñor Celso Morga es otro de los elementos que merece destacarse. Su escritura es clara, cuidada y accesible, sin renunciar por ello al rigor conceptual. Se advierte en sus textos una voluntad pedagógica constante: explicar, contextualizar, matizar. El autor no escribe para especialistas, aunque los especialistas encontrarán en sus páginas contenidos de interés; escribe, ante todo, para el Pueblo de Dios, con el deseo de acompañar su camino de fe y de ofrecerle herramientas para una comprensión más lúcida de la realidad eclesial.

Esta recopilación permite, además, percibir la coherencia del pensamiento del autor a lo largo del tiempo. Aunque los artículos fueron escritos en momentos distintos y responden a contextos concretos, todos ellos comparten una misma orientación fundamental: la confianza en la acción del Espíritu Santo en la Iglesia y la certeza de que, más allá de las crisis y dificultades, el Señor sigue guiando a su pueblo. Esta esperanza no es ingenua ni evasiva, está sostenida por una lectura creyente de la historia y por una profunda comunión eclesial.

El hecho de que estos textos hayan sido publicados originalmente en la revista *Omnes* les confiere un carácter particular. Son escritos que nacen del diálogo con la realidad, de la escucha de preguntas reales, de la necesidad de ofrecer una palabra oportuna en un momento determinado. Reunidos ahora en un solo volumen gracias a **EDIBESA**, adquieren una nueva dimensión: invitan a una lectura más reposada, a la relectura, incluso al estudio. El lector puede recorrerlos de principio a fin o acercarse a ellos de manera selectiva, según sus intereses y preocupaciones.

Juan José Montes
Director del Departamento de Comunicación
de la diócesis de Mérida – Badajoz

Año 2021

Laicidad positiva

4 de marzo de 2021

Hay temas que son recurrentes y parece que nunca desaparecen de los foros de discusión. Asuntos que toman más viveza en determinados momentos y decaen en otros, pero que en los dos últimos siglos están presentes, sobre todo en nuestra vieja Europa. Quisiera hablar de un concepto que me parece clave para entender la organización de la vida política y social: el concepto de "laicidad".

Bien es verdad que ese debate al que me refiero nos ha ayudado a ir puliendo e integrando determinados aspectos, pero en la actualidad encontramos matices, incluso interpretaciones de fondo, que hacen pensar que cuando hablamos de laicidad, no todos hablamos de lo mismo.

La laicidad comprende en sí misma libertad, respeto y tolerancia.

Entender bien el concepto de laicidad supone, al menos desde el punto de vista de la Iglesia católica, que se tenga en cuenta, se respete y se valore la pretensión del cristianismo, y por tanto de la misma Iglesia católica, de ser, también para la comunidad política democrática, una fuente y garantía de valores humanos fundamentales derivados de concebir al ser humano como "imagen y semejanza de Dios".

Estado laico, no laicista

El Estado laico, evidentemente, no está obligado ni tampoco está en condiciones de reconocer tal pretensión como verdadera; pero tampoco puede considerar como un ataque o una negación de la laicidad del Estado tal pretensión y no puede obstaculizar que la Iglesia quiera y se empeñe –democráticamente– para que dicha pretensión tenga presencia, espacio público e influencia en la sociedad. Si los dirigentes estatales manifestaran fastidio, molestia o intento de suprimir esa presencia pública demostrarían que ya no es una laicidad positiva la que los impulsa sino un laicismo beligerante. Esa postura dejaría traslucir idolatría de la política y del Estado; sería como una nueva religión con apariencia de libertad.

Nada en el pensamiento y la conducta humana es neutro. Toda institución se inspira, al menos implícitamente, en una visión del hombre, de la que saca sus referencias de juicio y su línea de conducta.

Si esa institución prescinde de la trascendencia se ve obligada a buscar en sí misma sus referencias y finalidades. Pero si esa institución rechazara, se cerrase completamente o no admitiera otros criterios sobre el hombre y su destino, podría caer fácilmente en un poder totalitario, como muestra la historia (cfr. Catecismo de la Iglesia Católica, n. 2244).

La Iglesia católica pide a sus fieles laicos que trabajen para que la gestión política y social, mediante las leyes civiles y las estructuras de gobierno, sean conformes a la justicia y que, en la medida de lo posible, tales leyes y estructuras favorezcan, más que obstaculicen, la práctica de las virtudes humanas y cristianas; pero también la Iglesia pide a sus fieles laicos que distingan los derechos y deberes que les conciernen por su pertenencia a la Iglesia y los que les competen en cuanto miembros de la sociedad humana; que traten de conciliarlos entre sí, teniendo presente que, en cualquier asunto temporal, deben guiarse por su conciencia cristiana (cfr. Lumen Gentium, n. 36).

Si el Concilio Vaticano II hace referencia a ese "esfuerzo de conciliación" quiere decir que van a encontrar dificultad; que el cristiano o la cristiana nunca va a estar plenamente a gusto con algunas de las leyes y estructuras de este mundo; pero también quiere decir que siempre se deben esforzar por mejorarlas, según su conciencia, intentando ejercitar su derecho democrático de influencia positiva y que el Estado laico debe, no solo respetar, sino favorecer positivamente dicho derecho facilitando su ejercicio, incluso mediante el reconocimiento de la objeción de conciencia.

Ramadán y diálogo interreligioso

16 de abril de 2021

Durante este mes, tiempo sagrado para los creyentes musulmanes, permanezcamos unidos por los lazos de fraternidad como hijos e hijas de Abraham y tomemos de nuevo la decisión de ser instrumentos de paz que es Dios.

Este martes, 13 de abril, comenzaba el Ramadán, un tiempo de ayuno y oración para los musulmanes, que se prolongará hasta el 12 de mayo.

En este mundo nuestro ya no hay espacios aislados, no podemos estar de espaldas a muchas realidades que en otro tiempo nos fueron ajenas, incluso hostiles. En el terreno de las creencias tal vez sea más fácil buscar espacios comunes con cualquiera que profese una fe, más aún monoteísta, como es el caso de los judíos y los musulmanes, que con quienes nieguen cualquier tipo de trascendencia.

Los cristianos nunca hemos sentido lejos a los judíos, que comparten con nosotros parte de las Sagradas Escrituras. San Juan Pablo II se convirtió en el primer Papa en visitar una sinagoga y calificó a los judíos de "hermanos mayores" de los cristianos. Ellos son el pueblo elegido, el pueblo de la Alianza que, para nosotros, llega a la plenitud con Cristo.

El Papa Francisco no ha dejado de construir puentes con el Islam. Fue el primer Papa en visitar la península arábiga, cuna de la religión islámica. En mayo de 2014 estuvo en Jordania, primera etapa de su peregrinación a Tierra Santa, y en noviembre visitó Turquía "como peregrino, no como turista", según él mismo manifestó.

En 2015, en la República Centroafricana, visitó la Mezquita central de Bangui y proclamó que "cristianos y musulmanes somos hermanos. Tenemos que considerarnos así, comportarnos como tales". Al año siguiente estuvo en Azerbaiyán para proclamar con fuerza: "¡Nunca más violencia en nombre de Dios!". Sus palabras han sido refrendadas con los hechos: a finales de 2017 visitó Bangladeh y Myanmar para intentar apaciguar la crisis humana de la etnia minoritaria musulmana de los Rohingya.

El papa Francisco ha continuado sus viajes por países musulmanes: Egipto, Marruecos... y, el último y muy significativo, Irak. Allí, en la llanura de Ur, la cuna del patriarca Abraham, padre para las tres religiones monoteístas, proclamó en un encuentro interreligioso: "Dios es misericordioso y la ofensa más blasfema es profanar su nombre odiando al hermano. Hostilidad, extremismo y violencia no nacen de un espíritu religioso; son traiciones a la religión". La misma idea la defendió en Mosul, que había sido bastión del autoproclamado Estado Islámico: "Si Dios es el Dios de la vida –y lo es– a nosotros no nos es lícito matar a los hermanos en su nombre. Si Dios es el Dios de la paz –y lo es– a nosotros no nos es lícito hacer la guerra en su nombre. Si Dios es el Dios del amor –y lo es– a nosotros no nos es lícito odiar a los hermanos", dijo el Santo Padre.

En este país volvió a hacer historia al visitar la ciudad de Nayaf, una de las más sagradas para el Islam chiita, donde se reunió con el gran ayatolá Al-Sistani y pidió nuevamente "respeto mutuo y diálogo entre religiones". Por su parte el gran ayatolá defendió "la paz y la seguridad" para los cristianos en Irak.

Durante este mes, tiempo sagrado para los creyentes musulmanes, permanezcamos unidos por los lazos de fraternidad como hijos e hijas de Abraham y tomemos de nuevo la decisión de ser instrumentos de paz que es Dios.

Todos somos comunicadores

19 de mayo de 2021

El convencimiento de que la verdad nos hace libres y el afán por construir una sociedad vertebrada por valores cristianos, ha llevado, con frecuencia, a la Iglesia a poner en marcha proyectos de comunicación.

El domingo de la Ascensión celebrábamos la Jornada Mundial de las Comunicaciones Sociales, una jornada que tiene su raíz en el Concilio Vaticano II. El Decreto Inter Mirifica (18) afirma: "Para mayor fortalecimiento del apostolado multiforme de la Iglesia sobre los medios de comunicación social, debe celebrarse cada año en todas las diócesis del orbe, a juicio de los obispos, una jornada en la que se ilustre a los fieles sobre sus deberes en esta materia, se les invite a orar por esta causa y a aportar una limosna para este fin, que será empleada íntegramente para sostener y fomentar, según las necesidades del orbe católico, las instituciones e iniciativas promovidas por la Iglesia en este campo".

Históricamente la Iglesia ha visto en los medios de comunicación social una gran oportunidad para hacer llegar el Evangelio a todos los rincones. Junto a ello está el amor a la verdad, que nos hará libres (Jn 8, 32). Ambas cosas, el convencimiento de que la verdad nos hace libres y el afán por construir una sociedad vertebrada por valores cristianos, ha llevado, con frecuencia, a la Iglesia a poner en marcha multitud de proyectos de comunicación generalistas o temáticos, por usar términos actuales.

Fue pionera en la prensa escrita, continuó tras el descubrimiento de la radio, fuimos menos activos en la televisión y, en la actualidad, hemos sabido subirnos al carro con internet.

Junto a los medios propios, como grupo de especial relevancia, la Iglesia tiene derecho a contar con presencia social a través de los medios de comunicación públicos, que destacan en su ADN el papel de servicio público. La retransmisión de la eucaristía dominical o programas religiosos semanales encuentran ahí su justificación. Ese peso social debe mover también a la presencia eclesial en los medios de comunicación privados, con audiencias heterogéneas entre las cuales se encuentran muchos creyentes que tienen derecho a verse reflejados en las parrillas.

El fenómeno de internet es especialmente llamativo, porque nos convierte a todos en comunicadores.

No voy a decir periodistas, porque sería falso y, de paso, injusto con los verdaderos periodistas, que con su firma aportan "denominación de origen" a las informaciones que circulan por cada rincón.

Si tradicionalmente los creyentes, y las personas en general, hemos sido meros espectadores en lo referido a la prensa, en la actualidad son legión las personas de fe que se ponen en primera línea, alcanzando audiencias millonarias en las redes sociales, pegados a la Iglesia como la vid al sarmiento. Han sabido hacer de su habilidad un servicio al Evangelio sin tutelas ni referentes oficiales, con frecuencia desprestigiados ante una buena parte de la opinión pública, que ven en estos cristianos de corazón y acción, la única ventana que les muestra la belleza del Evangelio. Ese fenómeno es radicalmente nuevo y nos aporta a todos, una capacidad hasta hace poco inédita, para llevar a cabo un anuncio explícito del Evangelio o mostrar una forma de construcción social acorde con un modelo humanista cristiano.

Si para la puesta en marcha de medios de comunicación se hacen imprescindibles medios económicos, actualmente un teléfono constituye una auténtica unidad móvil que se activa sencillamente con la voluntad de estar presente en el areópago. Para ello, además es necesario crecer como cristianos, regar nuestra existencia de personas creyentes en las oportunidades que nos ofrece la Iglesia de formación y vivencia de nuestra fe, porque no se puede comunicar lo que no se tiene.

Reforma del Derecho canónico

8 de junio de 2021

La reforma llevada a cabo en el pontificado de Francisco supone un instrumento "para responder adecuadamente a las exigencias de la Iglesia en todo el mundo.

La Iglesia, como cualquier institución, precisa de un conjunto de normas jurídicas para conducirse. El primer Código de derecho canónico fue promulgado en 1917 por el papa Benedicto XV y el que rige actualmente fue promulgado por san Juan Pablo II en 1983. El 23 de mayo pasado el papa Francisco promulgó la Constitución apostólica *Pascite Gregem Dei* que viene a reformar el Libro VI del Código de Derecho Canónico sobre las sanciones penales en la Iglesia, una modificación que entrará en vigor a partir del 8 de diciembre de este año.

En la citada Constitución Apostólica, el Santo Padre destaca que "desde los tiempos apostólicos, la Iglesia fue dándose leyes para su modo de actuar que, en el curso de los siglos, han llegado a componer un coherente cuerpo de normas sociales vinculantes, que confieren unidad al Pueblo de Dios y de cuya observancia se hacen responsables los Obispos". Unas Normas que vinculan "la misericordia y la corrección de la Iglesia" y que "necesitan estar en permanente correlación con los cambios sociales y con las nuevas exigencias que aparecen en el Pueblo de Dios, lo que obliga en ocasiones a rectificarlas y adaptarlas a las situaciones cambiantes". El Papa nos desvela en *Pascite Gregem Dei* que "la sanción canónica tiene también una función de reparación y de saludable medicina y busca, sobre todo, el bien del fiel".

No resulta fácil elaborar un texto jurídico aplicable a la Iglesia universal. Hoy día se extiende por buena parte de nuestro mundo un cierto etnocentrismo cultural que nos lleva a pensar que la cultura propia es superior a otras culturas que deben arroparse en este mismo paraguas jurídico. De hecho, el Papa recuerda que Benedicto XVI puso en marcha esta revisión en 2007 y ya, desde entonces, se viene madurando.

Como ha destacado recientemente Monseñor Juan Ignacio Arrieta, Secretario del Pontificio Consejo para los Textos Legislativos, entre las principales novedades de estas revisiones encontramos que determinan con mayor precisión el comportamiento que deben adoptar los responsables de la observancia de estas normas y los criterios que deben seguir para la aplicación de las penas. Otro aspecto relevante es el comunitario, es decir, que el derecho penal también es importante para preservar la comunidad de los fieles, remediar el escándalo causado y reparar el daño. El texto también dota a la autoridad de herramientas para reorientar conductas a tiempo y, consiguientemente, evitar daños.

El Presidente del Pontificio Consejo para los Textos Legislativos, Monseñor Filippo Iannone ha resaltado el surgimiento de nuevas penas como la reparación o la indemnización por daños y perjuicios. Se enumeran las penas con mayor detalle. Se extienden a todos los fieles algunas penas que antes estaban previstas solamente para los sacerdotes. Se ha revisado el plazo de prescripción de los delitos y se han introducido algunos nuevos. En lo relacionado a los abusos de menores, se resalta la gravedad de los delitos y la atención a las víctimas. También cabe destacar la ponderación que se hace de la transparencia y la buena gestión de los recursos.

A buen seguro que esta reforma va a suponer un importante instrumento "para responder adecuadamente a las exigencias de la Iglesia en todo el mundo" teniendo en cuenta "el contexto de los rápidos cambios sociales que experimentamos", como señala el papa Francisco en *Pascite Gregem Dei*.

Todos unidos en oración por el Papa

7 de julio de 2021

La oración por el Papa, tanto en situaciones complicadas como en todo momento es deber filial de todo católico.

El domingo pasado por la tarde nos enteramos, a través de los medios de comunicación, que el Papa había sido ingresado en el Policlínico Gemelli di Roma para ser sometido a una intervención quirúrgica "programada" por una estenosis diverticular sintomática del colon.

La noticia fue una sorpresa para todos, ya que, a mediodía, el Santo Padre había rezado el Ángelus con buen aspecto físico y sin hacer alusión a su ingreso inmediato en el hospital, salvo el tradicional "no os olvidéis de rezar por mí". Nos tranquilizaba saber, por el comunicado oficial de la sala de prensa del Vaticano, que la intervención quirúrgica estaba "programada", o sea, que la causa de la intervención había sido detectada con tiempo y, por tanto, no se trataba de una sorpresa, ni de una urgencia inmediata. Esta intervención quirúrgica "programada" se ve reforzada también porque el Santo Padre tiene previsto una visita pastoral a Eslovaquia y Hungría entre los días 12 al 15 de septiembre próximo. Además, según los médicos, la "estenosis diverticular" es frecuente a partir de los

50-60 años y la operación quirúrgica consiste en la extirpación de la porción del colon afectada, sin darle demasiada importancia.

La declaración del director de la sala de prensa de la Santa Sede de ayer, 5 de julio de 2021, nos comunicaba que el Santo Padre estaba en buenas condiciones generales, consciente y respirando naturalmente. La intervención quirúrgica había durado tres horas y se prevé una hospitalización de unos siete días, salvo complicaciones.

El Papa es el principio y fundamento visible de la unidad de fe y de comunión de toda la Iglesia, tanto de los pastores como de todos los fieles. La misión confiada por el Señor a Pedro (Mt 16, 18) continúa en los obispos de Roma, donde Pedro fue martirizado, que se van sucediendo a lo largo de la historia. El sucesor de Pedro es Vicario de Cristo y cabeza visible de toda la Iglesia. El Señor rezó particularmente por Pedro en la última cena para que su fe no desfalleciera nunca (Lc 22,31). Es deber de toda la Iglesia unirnos a esa oración de Jesús para rezar siempre por él y conservar y aumentar la unión de fe y de comunión con él, más en esos momentos de especial dificultad para su salud.

El valor de los sacerdotes ancianos para la Iglesia

25 de julio de 2021

No hace mucho, en la solemnidad de Todos los Santos, escribía una carta a los sacerdotes ancianos de mi archidiócesis de Mérida-Badajoz. En ella les decía que pensaba mucho en ellos, especialmente desde que se inició la pandemia, y les expresaba mi cercanía de padre, amigo, hermano y pastor.

Históricamente el papel de los mayores ha sido muy valorado en todas las sociedades. Ellos son las raíces, lo que ancla a una sociedad a la historia, el enlace del ayer con el hoy, son la memoria de la comunidad, son el reflejo de la sabiduría. En las Sagradas Escrituras hay muchos pasajes sobre el respeto y la autoridad de los mayores, como el que encontramos en el Levítico: Álzate ante las canas y honra al anciano. Teme a tu Dios. Yo soy el Señor (Lev. 19,32), o en Job: ¿No está en los ancianos la sabiduría?, ¿no destaca la prudencia en los viejos? (Job 12,12).

Pero, además de las palabras que llaman nuestra atención sobre la ancianidad, en las Sagradas Escrituras encontramos muchos personajes ancianos, a los que se les atribuye un papel destacadísimo: Zacarías e Isabel, Simeón y Ana…

Nuestro mundo ha cambiado ese esquema de valores. Buscamos el cambio continuo, lo que hoy es, mañana no sirve. La palabra mágica es el "progreso". La tecnología se ha entronizado, como se hizo en el siglo XVIII con la razón, y los que manejan la técnica son los jóvenes. La juventud se admira, la ancianidad se mira con desafecto. En el árbol del siglo XXI las ramas tienen toda la importancia y parece que las raíces no tienen ninguna. Con frecuencia el sabroso fruto que ofrecen los mayores no es apreciado y se quiere talar el árbol. Desde hace tiempo, en nuestras casas no hay sitio para los mayores y empieza a no haber sitio tampoco para los niños. No sabría deciros si eso nos está alejando de Dios o es el alejamiento de Dios lo que nos está haciendo ver así la vida.

Si las personas mayores son un tesoro para la Iglesia, ¿qué diremos de los sacerdotes mayores? Ellos tienen la gran sabiduría que les ha dado la universidad de la vida, como les decía en la carta citada más arriba. El ministerio sacerdotal les ha concedido durante tantos años conocer a fondo el alma humana.

Todos sabemos que muchos sacerdotes, merecedores del descanso por edad y por los servicios prestados durante muchos años, continúan sirviendo a nuestras comunidades. Es más, muchas de ellas escuchan la Palabra de Dios y celebran la Eucaristía gracias a la entrega incansable de nuestros sacerdotes eméritos.

Lejos de lo que puedan aportar, que suele ser el termómetro de muchos para valorar a las personas, los sacerdotes mayores nos hablan, con solo mirarlos, sin pronunciar palabra, de fidelidad, de entrega, de renuncias, de fe... Muchas personas son lo que son porque un día se encontraron un sacerdote que los orientó y les ayudó a conducirse en la vida. Si las arrugas de su piel se pudieran desplegar, cada una de ellas llevaría escrito un mensaje y muchos secretos que esconden alegrías ajenas dadoras de plenitud propia.

Ser para Dios desde los otros tiene efectos secundarios muy beneficiosos para uno mismo, porque lo que se recibe buscando acercar a los demás al Señor, es jornal de gloria para el que, ya sabemos, no hay trabajo grande, como recitamos en ese himno de vísperas.

No quiero dejar pasar esta oportunidad sin pedirle a nuestros sacerdotes eméritos que sigan siendo ejemplo para los hermanos más jóvenes del presbiterio, esos que tienen que madurar mucho todavía en su vida sacerdotal con situaciones nuevas y complicadas derivadas de una sociedad que se aleja de Dios y que, con frecuencia, aparta la mirada de las cosas que permanecen para siempre. Gracias por vuestro servicio, por vuestra alegría, por ver y mostrarnos la vida sin dobleces y con naturalidad.

Testamento vital

8 de agosto de 2021

Hoy día las relaciones sociales se han complicado, a veces demasiado, por la crisis de dos aspectos de gran importancia: la fidelidad y la confianza.

La confianza mutua y la fidelidad a la palabra dada ha descargado tradicionalmente de trabajo a los legisladores. El apretón de manos liberaba a las partes de recurrir a jueces y abogados porque todos cumplían sus compromisos sin más requerimientos.

Por otro lado, con frecuencia hay que especificar obviedades que han salido del consenso político-social como determinados aspectos relativos al derecho a la vida. En este terreno existe la posibilidad de que los médicos se acojan al derecho a la objeción de conciencia como derecho fundamental, pero cabe un paso más: el testamento vital, una iniciativa del paciente que pide evitar determinados tratamientos que impliquen su eliminación.

Desde la Conferencia Episcopal Española se elaboró en su día una declaración de instrucciones previas y voluntades anticipadas para que, en caso de encontrarnos al final de nuestros días, se tenga en cuenta nuestra voluntad en relación a la aplicación de la eutanasia. En ese documento se afirma que "si llegara a padecer una enfermedad grave e incurable o a sufrir un padecimiento grave, crónico e imposibilitante o cualquier otra situación crítica; que se me administren los cuidados básicos y los tratamientos adecuados para paliar el dolor y el sufrimiento; que no se me aplique la prestación de ayuda a morir en ninguna de sus formas, sea la eutanasia o el ´suicidio médicamente asistido´, ni que se me prolongue abusiva e irracionalmente mi proceso de muerte". En este documento la persona también pide que se le preste ayuda para "asumir cristiana y humanamente mi propia muerte y para ello solicito la presencia de un sacerdote católico y que se me administren los sacramentos pertinentes".

A veces los procedimientos para hacer respetar nuestra voluntad en el tema que tratamos, son engorrosos y de difícil cumplimiento. Por ello desde mi archidiócesis de Mérida-Badajoz, estamos manteniendo contactos con la administración regional para que esa voluntad de la persona no se quede solamente en un documento notarial, sino que se incluya en el historial clínico de cada uno. De esa manera cuando llegue el momento de conocer la voluntad del paciente no es necesario recurrir a "papeles" depositados en notarías o en lugares no siempre accesibles en momentos tan críticos. Los sanitarios dispondrán de ellos en el propio historial que consultan para la atención médica del paciente.

Dado que el historial médico es propiedad del paciente, no cabe interponer ninguna objeción. Este sistema amplía la libertad de la persona y libera a los profesionales de la salud de tomar decisiones difíciles, obligados por la ley o por criterios ajenos al propio paciente. El tema es exportable al resto del territorio nacional, pues las competencias en materia sanitaria están transferidas a las comunidades autónomas. Ya que estamos hablando de un tema de conciencia, no debe existir ninguna objeción a este sistema, que no va en contra de nadie sino en favor de todos.

Política y fe. Recuperar la voz cristiana en la vida pública

15 de septiembre de 2021

La propuesta que nace de la fe es una propuesta integral que se traduce en una visión de la economía, el sistema político, o la comprensión de la familia vinculada al amor y a la transmisión de la vida.

El primer fin de semana de septiembre se celebraba en Madrid el II Encuentro Internacional de católicos con responsabilidades políticas, organizado por la Archidiócesis de Madrid junto con la Academia de Líderes Católicos y la Fundación

Konrad Adenauer. En este encuentro participaron políticos de 19 países de todas las sensibilidades.

Hubo un tiempo en el que los parlamentos nacionales sentaban en sus escaños a políticos enrolados en partidos confesionales. Actualmente todos los partidos, unos en mayor medida que otros, están salpicados de creyentes. Sin embargo, nos quejamos con frecuencia de que las legislaciones se alejan, cada vez más, de los principios cristianos. Con frecuencia la persona no está en el centro de las decisiones, nos encontramos con una gran permisividad, cuando no promoción, del aborto o la eutanasia, con la deslegitimación del papel de los padres en la educación de sus hijos junto a las trabas a la educación católica, se potencian políticas de género...

¿Qué pasa con nuestros católicos que se ocupan de la cosa pública? ¿No tienen peso en sus formaciones políticas o se han acostumbrado a "desdoblarse", por un lado, la vida pública y por otro la privada? Con frecuencia los católicos, políticos o no, decimos que creemos en Dios, pero vivimos como si Dios no existiera.

Es cierto que hay una corriente subterránea de afinidad cristiana, que no se ve, pero se percibe ligeramente, que en ocasiones modera o moldea determinadas leyes, pero en el gran discurso falta tono creyente. No se trata de abrazar una especie de superioridad moral por el hecho de creer, pero tampoco de avergonzarnos de lo que somos hasta el punto de esconderlo. Somos lo que somos con naturalidad y ofrecemos lo que tenemos para enriquecer nuestro mundo.

Tal vez en la Iglesia hemos pecado de omisión a la hora de formar a los niños y a los jóvenes en la importancia evangélica del servicio público. Tenemos miles de catequistas, trabajamos en el campo de la pastoral de la salud, penitenciaria, en el ejercicio de la caridad, la educación, la cultura en sentido amplio, pero el servicio a través de la política tal vez nos ha chirriado, incluso cuando lo hemos intentado hemos visto demasiadas deserciones que nos han desanimado.

La semana pasada el presidente de la Conferencia Episcopal Española (CEE) y arzobispo de Barcelona, el cardenal Juan José Omella, presentaba junto al Secretario General del episcopado, Mons. Luis Argüello, el documento "Fieles al envío misionero", que recoge las orientaciones y las líneas de acción para la CEE en los cuatro próximos cursos pastorales (2021-2025). El cardenal Omella nos pedía no acobardarnos y seguir "dando testimonio de la fe en Jesús, no tanto con las palabras, sino con los hechos", algo, estoy convencido, que tiene una atalaya privilegiada en la vocación al servicio público.

El Secretario General y Portavoz de la CEE, Monseñor Luis Argüello cuestionaba en la misma presentación que "a veces podemos ser progres o conservadores en una de las carpetas y lo contrario en otras, cuando en realidad la propuesta que nace de la fe y la que se ve en la cultura dominante es una propuesta integral de economía, sistema político, de comprensión de la familia vinculada al amor y a la transmisión de la vida en momentos de 'invierno demográfico' tan sorprendentes".

El tema es arduo, no tiene respuesta fácil, pero el hecho de plateárselo es importante.

La palabra de cada uno importa mucho

13 de octubre de 2021

Todos estamos llamados a participar en el camino sinodal que ha comenzado en la Iglesia Católica y en el que nuestra voz es importante.

El Santo Padre Francisco ha convocado a toda la Iglesia Católica a caminar juntos en Sínodo. La convocatoria lleva por título: «Por una Iglesia sinodal: comunión, participación y misión». La preposición "Por", "Por una Iglesia..." nos indica la dirección que se quiere tomar o el término al que se quiere encaminar y llegar: en este caso, la dirección y el término que quiere tomar y dónde quiere encaminarse y llegar la Iglesia toda.

El camino sinodal es el camino que Dios espera de la Iglesia del tercer milenio, ha dicho Papa Francisco. Se inició solemnemente en Roma el 9-10 de octubre y el domingo 17 de octubre en nuestra Catedral Metropolitana. El Santo Padre nos está recordando que para recorrer este camino juntos nos dejemos guiar por el Espíritu Santo, abiertos con humildad y disponibilidad a su acción en nosotros, entrando con audacia y libertad de corazón en un proceso de conversión sin el cual no es posible esa "perenne reforma de la que la Iglesia misma, en cuanto institución humana y terrena, tiene siempre necesidad" (UR, 6).

La Iglesia desde sus orígenes es sinodal. Como escribió san Juan Crisóstomo en el siglo IV: "Iglesia y Sínodo son sinónimos". Esta afirmación tan rotunda de este Padre de la Iglesia significa que la Iglesia es constitutivamente sinodal. Es la forma específica de vivir y de obrar de la Iglesia como Pueblo convocado por Dios que manifiesta, en concreto, su ser "comunión" y su ser "participación" de todos sus miembros en la misión de evangelizar. Es en el vínculo profundo entre el "sensus fidei" (el sentido de la fe) del Pueblo de Dios y el Magisterio de los Pastores donde se realiza el consenso unánime de toda la Iglesia en la misma fe y en la misma misión.

Con estas breves palabras pretendo sólo animaros a participar, en la media y el modo que, a cada uno, a cada una, le sea posible, sobre todo a nivel parroquial, en este caminar juntos durante esa fase diocesana del Sínodo. Mi preocupación como obispo es que esta convocatoria alcance al mayor número posible de bautizados y que el desarrollo ordenado del camino sinodal se realice conforme dice San Pablo a los fieles de Tesalónica: "No extingáis la acción del Espíritu; no despreciéis las profecías; examinadlo todo y quedaos con lo bueno" (1Tes 5,19).

No olvides que tu voz es importante. Tu saber escuchar también. Tu vivir la comunión eclesial, tu participación ayudará a la misión de toda la Iglesia en estos inicios del tercer milenio de la Encarnación de nuestro Señor Jesucristo. ¡Caminemos juntos en el nombre del Señor!

Mártires

12 de noviembre de 2021

Los mártires del siglo XX murieron amando, perdonando y así, manifestaron que la semilla del Evangelio da vida y produce frutos que hoy podemos contemplar.

El pasado 16 de octubre eran elevados a los altares 127 mártires de la persecución religiosa en

España entre 1936 y 1939. Fue en la catedral de Córdoba y entre ellos se encontraban 19 vinculados con la Archidiócesis de Mérida-Badajoz, 10 de los cuales nacieron en pueblos de esta archidiócesis y otros 9 fueron martirizados en pueblos de la provincia de Badajoz que entonces pertenecían a la diócesis cordobesa.

Tuve la oportunidad de participar en esa celebración, en la que se ponen de manifiesto dos cosas grandiosas: la gracia que Dios da a los bautizados para someterse a las grandes pruebas y la fidelidad de muchos hermanos nuestros que los lleva, incluso, a dar la vida por el Señor.

El pasado domingo, el día 7, celebrábamos una eucaristía de acción de gracias en la parroquia de Castuera, uno de los pueblos que vieron nacer a esos mártires. En la misa se percibía la cercanía que el Pueblo de Dios siente hacia esos sacerdotes que han ejercido el ministerio sacerdotal entre nosotros, que han vivido en nuestros pueblos, paseado por nuestras calles, incluso con familiares aún entre nosotros.

A ellos se pueden aplicar las palabras proféticas del Apocalipsis: «vienen de la gran tribulación; han lavado sus vestidos en la sangre del Cordero». Cumplieron en sus vidas la generosidad y la confianza en Dios hasta el extremo. Fueron fieles a su vocación de seguir al Cordero hasta la cima del sacrificio, donde su Señor los esperaba. Ante la posibilidad de morir, prefirieron ser leales y mostrar, con su vida entregada, el amor a Dios y al prójimo para vivir, muriendo, en una eternidad feliz. Así lo creemos; así lo esperamos fundados en la promesa del Señor.

«El amor es más fuerte que la muerte», dice la Sagrada Escritura. Ellos murieron amando, perdonando, sin odios ni rencores, y así, manifestaron que la semilla del Evangelio da vida y produce frutos; frutos que hoy podemos contemplar. Todos ellos sintieron la pequeñez de sus debilidades, se sabían nada... pero esa debilidad, esa pobreza... no soy nada, no tengo nada...los llevó a afirmar con San Pablo: «no soy yo, es Cristo quien vive en mi», y el miedo se tornó en valentía, y la falta de salida en esperanza y la obscuridad del desenlace se volvió trasparente para ver al Señor crucificado, lleno de luz y de vida, resucitado. Es la Pascua, "Mara-na-ta"», el Señor está viniendo.

"Jesús pudo dejarse matar por amor, pero justamente así destruyó el carácter definitivo de la muerte, porque en Él estaba presente el carácter definitivo de la Vida. Él era una sola con la Vida indestructible de manera que ésta brota de nuevo a través de la muerte", decía Benedicto XVI.

Eso son los nuevos beatos que se suman a la larga lista del martirologio de la Iglesia: vivientes en el

Señor, luces en el camino, esperanzas colmadas y anhelos cumplidos de plenitud en el gozo eterno de los cielos nuevos y la tierra nueva regada con su sangre, unida a la de su Señor.

Fueron servidores de esa Iglesia nacida del costado abierto del Salvador. En la Iglesia no es lo importante lo que hacemos los hombres sino lo que hace Dios nuestro Señor: «No mires nuestros pecados, sino la fe de tu Iglesia», decimos en la santa Misa, donde el Señor vuelve cada día con su amor: «habiendo amado a los suyos, los amo hasta el extremo».

¿De verdad tenemos sensibilidad social?

28 de diciembre de 2021

La Fundación Redmadre hacía público el pasado 14 de diciembre el Informe Mapa de la Maternidad, que analiza las ayudas públicas a la maternidad y, en concreto, a la mujer embarazada en situación de vulnerabilidad ofrecidas en 2020 por el conjunto de las administraciones públicas españolas. En ese informe hay un dato escandaloso y muy triste: La inversión total destinada en 2020 por el conjunto de las Administraciones públicas en apoyo a la mujer embarazada con dificultades fue de 3.392.233 de euros, mientras que las ayudas para abortar fueron de 32.218.185 millones. El gasto del conjunto de las Administraciones públicas en España en apoyo a la mujer embarazada ha aumentado en tan solo 2 euros desde 2018.

Ante este dato cabría preguntarse si hay personas que piensan que el aborto es plato de gusto para alguien. Porque si la respuesta es no, ¿qué hacemos que no ayudamos a aquellas mujeres que quieran ser madres y atraviesen por dificultades para serlo? ¿Acaso estamos ante imperativos ideológicos fuera de toda lógica y, por supuesto, sensibilidad humana? Todo apunta a que sí, ya que al tiempo que se promueve y se financia el aborto, se ponen trabas legales a las asociaciones pro-vida para informar y ofrecer ayuda a las mujeres que acceden a los abortorios.

Por otro lado, estos datos desmienten la idea de que nuestra clase política, de quien dependen esas ayudas, tenga una desarrollada conciencia social. De ser así se habría promulgado ya una ley de lucha contra la exclusión social motivada por la maternidad, porque en no pocas ocasiones apostar por la maternidad conlleva dificultades para obtener un puesto de trabajo, incluso para mantenerlo. La solapada marginación a la maternidad hace que muchas mujeres no sean libres, sino que se vean muy presionadas, a la hora de elegir la vida en detrimento del aborto.

Al mismo tiempo hay una alarmante falta de visión de futuro. Dos días después del informe hemos sabido que España ha perdido población por primera vez en los últimos cinco años. Según datos del Instituto Nacional de Estadística (INE), España en estos momentos tiene 47,32 millones de personas, lo que supone un descenso de 72.007 habitantes respecto a 2020.

Todo lo que estamos viviendo en este sentido es bien definido por el papa santo, Juan Pablo II, que acuñó el término "cultura de la muerte" en su encíclica Evangelium Vitae. En ella señala que «con las nuevas perspectivas abiertas por el progreso científico y tecnológico surgen nuevas formas de agresión contra la dignidad del ser humano, a la vez que se va delineando y consolidando una nueva situación cultural, que confiere a los atentados contra la vida un aspecto inédito y –podría decirse– aún más inicuo ocasionando ulteriores y graves preocupaciones: amplios sectores de la opinión pública justifican algunos atentados contra la vida en nombre de los derechos de la libertad individual, y sobre este presupuesto pretenden no sólo la impunidad, sino incluso la autorización por parte del Estado, con el fin de practicarlos con absoluta libertad y además con la intervención gratuita de las estructuras sanitarias». (Evangelium Vitae, num. 4).

Más recientemente, el papa Francisco, con la claridad que lo caracteriza, declaraba en el vuelo en el que regresaba a Roma desde Eslovaquia, el pasado mes de septiembre: «El aborto es más que un problema, el aborto es un homicidio. Sin medias palabras: quien realiza un aborto, mata». Después se hacía dos preguntas: «¿Es correcto matar una vida humana para resolver un problema? (…) Segunda pregunta: ¿es correcto contratar a un sicario para resolver un problema? (…) Por eso la Iglesia es tan dura con este tema, porque si acepta esto es como aceptar el homicidio cotidiano».

Ahora, en plena Navidad, es buen momento para reflexionar sobre esto.

Año 2022

Los Reyes Magos somos todos

Los "magos" personifican a todos aquellos que, sin pertenecer al Pueblo de Israel, habían de ser incorporados a Cristo por el bautismo.

11 de enero de 2022

La manifestación de Jesús como Niño, Hijo de Dios, a unos "magos venidos de Oriente" es la revelación del Mesías, Hijo de Dios, a toda la humanidad. Los "magos" nos representan. Personifican a todos aquellos que, sin pertenecer al Pueblo de Israel, habían de ser incorporados a Cristo por la fe y el bautismo. Ellos fueron los primeros a los que el Señor quiso manifestarse fuera de Israel.

Su camino hacia el Niño es guiado por una "estrella". Ello nos indica la importancia de la creación como camino hacia Dios para todos los pueblos. Los magos comienzan su itinerario desde la revelación de Dios en la naturaleza para llegar a la revelación de Dios por medio de las Escrituras de Israel: «En Belén de Judá –le dijero– pues así está escrito por medio del Profeta. Y tú, Belén, tierra de Judá, ciertamente no eres la menor entre las principales ciudades de Judá; pues de ti saldrá un jefe que apacentará a mi Pueblo, Israel» (Mt 2,5-6). Para encontrar al verdadero Dios hay que pasar por la revelación de Dios hecha a Israel.

Los magos, que la tradición dice que eran también Reyes, nos representan a todos. San León Magno escribió: «Que todos los pueblos vengan a incorporarse a la familia de los patriarcas (...) Que todas las naciones, en la persona de los tres Magos, adoren al Autor del universo, y que Dios sea conocido, no sólo ya en Judea, sino también en el mundo entero, para que por doquier sea grande su nombre» (Serm.23).

El mundo tiene una gran necesidad del verdadero Dios, revelado, en primer lugar, a Israel. Los magos llegan a Jerusalén «para rendir homenaje al Rey de los judíos» (Mt 2,2). Él es «Quien domina sobre pueblos numerosos» (cf. Nm 24, 7 y ss.). Todos tenemos una gran necesidad de adorar a ese Niño y de ofrecerle el regalo de nuestra existencia.

Percibimos con claridad que la cultura dominante es relativista. Todo debe girar en torno al propio individuo, como norma de verdad y de bondad; todo está en función de la precepción subjetiva de cada uno, de cada una y en el "derecho a tener derechos", rehuyendo los deberes y responsabilidades familiares o sociales. Los demás, simplemente, deben sujetarse a mi decisión.

Ese "subjetivismo" dominante que parece favorecer a la persona, en realidad, la debilita, debilitando también a la familia y a la sociedad, y la hace fácilmente dependiente de intereses de los grandes grupos de poder.

Sí, también la Doctrina social de la Iglesia afirma que «el bien común esta siempre orientado hacia el progreso de las personas» (CIC, n.1912); que «el orden social y su progreso deben subordinarse al bien de las personas…y no al contrario» (GS 26,3), pero la persona abierta a Dios como su Creador y Salvador y abierta a la familia y a la sociedad; no cerrada en sí misma. Es un orden social que tiene como base la verdad de la persona como criatura; un orden social edificado en la justicia y vivificado por el amor.

La raíz de este proceso trasformador, que estamos viviendo y que nos lleva a un "subjetivismo" dominante, ¿no será el empobrecimiento espiritual, la ausencia de Dios, la pérdida del verdadero sentido de la vida y de la muerte que lleva a un nihilismo deshumanizador? Toda persona tiene necesidad de encontrar un sentido a su vida y este sentido último sólo puede ser el Dios verdadero, el Único que puede satisfacer plenamente el ansia de felicidad que anida en el hombre.

Por eso, es tan importante que miremos al cielo, a esa estrella que nos lleva al Niño Jesús para despertarnos y ayudar a despertar de ese sueño deshumanizador que pretende desterrar a Dios de la vida de los hombres.

Hasta los umbrales de los apóstoles

Los Obispos de las Provincias Eclesiásticas de Sevilla, Granada y Mérida-Badajoz hemos realizado la Visita "Ad Limina Apostolorum" (hasta los umbrales de los Apóstoles) y al Sucesor de Pedro, que el Derecho Canónico prevé que se realice cada cinco años.

4 de febrero de 2022

Los Obispos de Andalucía y Extremadura hemos vivido en Roma una semana intensa de encuentros en las diversas Congregaciones y organismos de la

Curia Romana, que ayudan al Santo Padre en su misión de Pastor universal de la Iglesia.

Para mí ha sido especialmente emotiva la visita a la Congregación para el Clero donde he pasado veinte siete años de mi vida sacerdotal.

Pero lo verdaderamente emotivo para todos y cada uno de los obispos ha sido la visita al Santo Padre que tuvo lugar el viernes día 21 de enero. El Santo Padre se mostró muy cercano y con un deseo sincero de saber cómo trascurre nuestro día a día en la labor pastoral de las diócesis que tenemos encomendadas. Nos fuimos presentando uno a uno y después cada cual preguntó o expuso al Papa sus problemas, interrogantes, expectativas... La reunión duró tres horas y salieron casi todos los temas que hoy están en el tapete de la Iglesia, desde el modo de la trasmisión de la fe en una sociedad muy plural y en muchos ambientes lejos de la fe, de la práctica religiosa o el desafío enorme que hoy representa la emigración y su integración plena en los países de acogida. Este problema de la inmigración es evidente que está muy en el corazón del Papa.

El Santo Padre nos ha insistido en cuatro "cercanías" en nuestro ministerio episcopal: cercanía, en primer lugar, con Dios; cercanía con nuestros hermanos en el episcopado; cercanía con los sacerdotes; cercanía con el Pueblo Santo de Dios, al cual hemos de servir con total dedicación. Como digo, fue un encuentro cordial, sin prisas, cada uno pudo hablar y salimos reconfortados por el sucesor de Pedro y Cabeza del Colegio episcopal.

La convivencia entre nosotros y con los vicarios y sacerdotes que nos acompañaron fue estupenda; se respiraba un clima de fraternidad y amistad pasando por alto los pequeños o no tan pequeños inconvenientes de una agenda repleta de encuentros, traslados y precauciones a causa de la pandemia que estamos sufriendo en todas partes.

Por mi parte también he tenido encuentros con personas queridas después de tanto tiempo como he pasado en Roma.

Doy gracias a Dios por estos días de vista "ad Limina". Me he acordado todo el tiempo y, sobre todo, ante la tumba de los Apóstoles de rezar por todos los fieles de la Archidiócesis, en especial por los sacerdotes, por los niños y jóvenes, los enfermos y ancianos y por todas las familias que pasan por alguna grave dificultad.

Abusos a menores

Estos días los medios de comunicación social nos vienen informando de la iniciativa de algunos partidos políticos para que el Congreso de los Diputados examine los abusos a menores dentro de la Iglesia católica. Al final, parece que será el Defensor del Pueblo quien lleve a término la investigación.

10 de febrero de 2022

A todos los católicos nos duelen en el alma estos hechos que tienen como objeto una materia grave ante Dios y que son delitos graves también ante los hombres, dejando huellas indelebles negativas en quienes son víctimas: "el que reciba a un niño como éste en mi nombre a Mí me recibe. Pero al que escandalice a uno de estos pequeños que creen en Mí, más le vale que le cuelguen al cuello una de esas piedras de molino que mueven los asnos, y lo hundan en lo profundo del mar" (Mt 18,5-6).

Los obispos en España, en comunión con el Santo Padre y toda la Iglesia universal, estamos comprometidos en erradicar, en la media de lo posible, estas conductas absolutamente inaceptables en todos los ambientes de la sociedad y, mucho más, en la Iglesia.

Sobre todo, desde hace algunos años, la Sede Apostólica ha pedido públicamente perdón en varias ocasiones y se ha empeñado fuertemente en hacer luz sobre lo sucedido y en la reparación de las víctimas, como fin prioritario.

Así, el Papa Juan Pablo II publicó, en el año 2001, el motu proprio "Sacramentorum sanctitatis tutela"

(La tutela de la santidad de los Sacramentos), al que han seguido, ya en tiempos del papa Francisco, la reforma del libro VI (libro sobre las penas) del Código de Derecho Canónico y, en el año 2019, de nuevo un motu proprio del papa Francisco titulado "Vos estis lux mundi" (Vosotros sois la luz del mundo).

La Conferencia Episcopal Española, por su parte, ha remitido a Roma para su aprobación un Decreto General de obligado cumplimiento muy extenso y pormenorizado sobre el modo de tratar los abusos en la Iglesia de cuya aprobación estamos a la espera.

Cada diócesis ha creado una Oficina de Protección de menores y Prevención de los abusos para recibir las denuncias, acompañar y ayudar a las víctimas como paso previo a un tratamiento jurídico penal si fuera pertinente.

La iniciativa de dichos partidos políticos para que el Congreso examine los casos de abusos en la Iglesia no debe ser interpretada como si los obispos no estuvieran haciendo nada, ni les interesara esclarecer los casos de abuso, ni el dolor de las víctimas.

No es así

En la Conferencia Episcopal no ha parecido conveniente crear una Comisión nacional que examinara los casos de abusos cometidos, como ha hecho, por ejemplo, la Conferencia Episcopal Francesa, porque ha parecido que es un camino que no resuelve el problema. Estas iniciativas sacan a la luz un número absoluto de casos, que posteriormente reciben críticas fundadas en cuanto a su exactitud estadística porque es objetivamente difícil, en un arco de tiempo tan extenso, ser precisos.

A la Conferencia Episcopal Española, hasta ahora, le ha parecido más eficaz y justo estudiar caso por caso, también los casos del pasado, pero con garantías procesales y actitud de ayuda sincera y cristiana a las víctimas, intentando por todos los medios reparar el daño, en la medida de lo posible.

Quizás en el pasado no tomamos suficientemente en consideración, ni en la Iglesia ni en la sociedad en general, la gravedad enorme de estos hechos, que por otra parte están ligados a nuestra condición humana, que lucha en un combate sin fin contra lo que no es digno del ser humano. Es el momento de reaccionar y de que todos pongamos todos los medios para atajar, en la medida de lo posible, estos hechos tan lamentables.

En ello estamos en la Iglesia sinceramente empeñados y el Señor nos ayudará.

La objeción de conciencia

La objeción de conciencia supone que una persona antepone el dictado de su propia conciencia a lo ordenado o permitido por las leyes. Es un derecho fundamental de toda persona, esencial para el bien común de toda la ciudadanía, que el Estado debe reconocer y valorar.

18 de mayo de 2022

La Comisión Episcopal para la Doctrina de la Fe de la Conferencia Episcopal Española acaba de publicar una Nota doctrinal sobre la objeción de conciencia, titulada "Para la libertad nos ha liberado Cristo" (Gal 5,1).

La Nota fundamenta el derecho a la objeción de conciencia en la libertad que, a su vez, se fundamenta en la dignidad propia del ser humano.

Dicha dignidad humana y libertad no es fruto o consecuencia de la voluntad de los seres humanos, ni de la voluntad del Estado o de los poderes públicos, sino que encuentra su fundamento en el hombre mismo y, en última instancia, en Dios su creador.

La objeción de conciencia en el Magisterio

Ya el Concilio Vaticano II hacía notar que "jamás tuvieron los hombres un sentido tan agudo de la libertad (que les es propia) como hoy" (cf Gaudium et Spes, n. 4). Pero esta libertad, que consiste en "el poder, radicado en la razón y en la voluntad de obrar o de no obrar, de hacer esto o aquello, y de ejecutar así, por sí mismo, acciones deliberadas" (Catecismo de la Iglesia Católica, n. 1731), no se debe entender como una ausencia de toda ley moral que indique límites a su actuación, o como "una licencia para hacer todo lo que me agrada, aunque sea malo" (Conc. Vat. II, Gaudium et Spes, n.17).

El ser humano no se ha dado a sí mismo la existencia, por lo que ejerce correctamente su libertad cuando reconoce su radical dependencia de Dios, vive en permanente apertura a Él, busca cumplir su voluntad y, además, cuando reconoce que es miembro de la gran familia humana, por lo que el ejercicio de su libertad está condicionado por las relaciones sociales que condicionan su ejercicio.

Los poderes públicos deben no solo respetar, sino también defender y promover el ejercicio de la libertad de todas las personas y limitarlo solo en los casos que sea verdaderamente necesario para el bien común, el orden público y la convivencia pacífica.

Una característica muy profunda de la libertad humana se encuentra en el ámbito de la propia conciencia y de la religión o libertad religiosa.

Estamos ante un derecho fundamental, porque el hombre es un ser abierto a la trascendencia y porque afecta a lo más íntimo y profundo de su ser, cual es la propia conciencia.

Hoy corremos el riesgo, también a nivel del ejercicio de los poderes públicos, de no favorecer suficientemente este derecho fundamental por una acusada tendencia a considerar que Dios pertenece solo al ámbito privado de la persona.

Para el Catecismo de la Iglesia Católica es claro que "el ciudadano tiene obligación en conciencia de no seguir las prescripciones de las autoridades civiles cuando estos preceptos son contrarios a las exigencias del orden moral, a los derechos fundamentales de las personas o a las enseñanzas del Evangelio" (n. 2.242).

La objeción de conciencia supone que una persona antepone el dictado de su propia conciencia a lo ordenado o permitido por las leyes. Es un derecho fundamental de toda persona, esencial para el bien común de toda la ciudadanía, que el Estado debe reconocer y valorar.

Es un derecho pre-político que el Estado no debe restringir o minimizar con la excusa de garantizar el acceso de las personas a ciertas prácticas reconocidas por la legislación positiva del Estado y menos presentarlo como un atentado contra "los derechos" de los demás.

Hay que regular este derecho fundamental a la objeción de conciencia garantizando que quienes quieran ejercitarlo no serán discriminados en el ámbito laboral o social.

La elaboración de un registro de objetores de conciencia atenta contra el derecho de todo ciudadano a no ser obligado a declarar sobre sus propias convicciones religiosas o simplemente filosóficas o ideológicas.

Termino invitándoos a leer con atención esta Nota de la Comisión Episcopal de la Doctrina de la Fe. Merece la pena.

La fe

A diferencia de las demás religiones, en que la imagen del fundador palidece y se desdibuja con el tiempo, en la religión cristiana la fe siempre se dirige directamente a Jesús vivo.

8 de septiembre de 2022

Quisiera iniciar este nuevo curso invitándoos a meditar sobre la fe. La Carta a los Hebreos define la fe como «garantía de lo que se espera; la prueba de lo que no se ve» (Hb 11,1). A continuación, nos presenta como ejemplos de fe a «nuestros mayores»: Abel, Henoc, Noé; sobre todo, nos presenta a Abraham y a Sara, a Isaac y Jacob, a Moisés, a Josué, a Gedeón (...), a David, a Samuel y los profetas. En la fe murieron todos ellos sin haber conseguido el objeto de la promesa.

¿Y cuál es la promesa? La promesa es nuestro Señor Jesucristo. En Él conocemos cuál es la esperanza a la que hemos sido llamados; cuál la riqueza de la gloria otorgada por Él en herencia a los santos (cf. Ef 1, 16-19).

Nuestra fe en Jesucristo no es un acto de conocimiento puramente natural; no es una conclusión meramente racional que se pueda deducir de premisas científicas, históricas, filosóficas...

Nuestra fe no es ciertamente irracional, pero no es tampoco puramente racional; si fuera puramente racional estaría exclusivamente reservada a los inteligentes, a los "listos", a los que estudian...

En la fe intervine el entendimiento, pero también la voluntad, que es siempre atraída por el bien y, más aún, por el supremo bien, que es Dios. Nuestra razón ve a Cristo como hombre al cual se puede creer (Jn 8, 46); ninguno le ha podido acusar de pecado (Jn 8,46); hace milagros que atestiguan la verdad de lo que dice (cf Jn 3,2) y nuestra voluntad, sentimientos, afectos son atraídos por su veracidad, por su bondad, por su afabilidad... Toda su persona es tremendamente atrayente hasta el punto que «el mundo se va tras Él» (Jn 12,19).

Sin embargo, todo ello no es suficiente para el acto de fe. Poder hacer la confesión de san Pedro: «Tú eres el Mesías, el Hijo de Dios vivo» (Mt 16,16) es gracia, es don de Dios, no es fruto de nuestra razón ni de nuestra voluntad. Y ese grandísimo don de Dios nos viene en la Iglesia y por la Iglesia; y en la Iglesia, a través de la sucesión apostólica. «Por la sucesión apostólica queda el tiempo muerto; en la predicación apostólica no hay ayer, un mañana; sólo hoy» (K. Adam).

En la religión cristiana la persona misma del Fundador es el objeto de la fe, es el fondo integro de la fe. A diferencia de las demás religiones, en que la imagen del fundador palidece y se desdibuja con el tiempo, en la religión cristiana la fe siempre se dirige directamente a Jesús vivo.

La Iglesia siempre confiesa: "Yo misma he visto a Jesús; yo misma lo he oído y lo oigo predicar; yo lo veo resucitado; trato con Él como una persona viva y actual".

Por eso los Evangelios son letra viva; si no fuera por la Iglesia, Cuerpo vivo de Cristo, los Evangelios serían letra muerta. «Sin la Escritura, se nos privaría de la forma genuina de los discursos de Jesús; no sabríamos cómo habló el Hijo de Dios, pero, sin la tradición (apostólica) no sabríamos quién era el que hablaba y nuestro gozo por lo que decía desaparecería igualmente» (Mohler).

Cuando un moribundo en la Iglesia reza con fe: "Jesús confío en Ti" palpita en su corazón y en sus labios la misma confesión de Pedro: «Tu eres el Cristo; el Hijo de Dios vivo» (Mt 16,16) y la de Esteban: «Veo los cielos abiertos y al Hijo del hombre de pie a la derecha de Dios» (Hch 7,56).

Ese moribundo o moribunda mirará al sacerdote, que probablemente tiene delante y el sacerdote al obispo y el obispo al Colegio episcopal y a su Cabeza, el sucesor de Pedro en Roma. Por la sucesión apostólica, Cristo está tan cerca de nosotros como lo estuvo de Pedro. ¡Es pura actualidad!

¿Qué podemos hacer? Orar

20 de octubre de 2022

Permitidme que os dirija unas palabras en este mes del Rosario, mes también de las Misiones, en el que el papa Francisco viene hablándonos continuamente del horror de la guerra y la necesidad de paz en el mundo. Como podéis comprender, estamos llamados a acoger filialmente esta invitación del papa Francisco para construir, entre todos los cristianos y personas de buena voluntad, un mundo mejor y más pacífico.

También en mi archidiócesis de Mérida-Badajoz hemos escuchado el dolor de la guerra, el sufrimiento de las víctimas, el llanto por los seres queridos desaparecidos, heridos y muertos. En los encuentros que he podido mantener con los refugiados de Ucrania en diversos lugares de la Archidiócesis, se encoge el corazón al escuchar tantas historias de sufrimiento, incluso en boca de los niños. Intentamos hacer por ellos todo lo que podemos, aunque seguramente siempre es poco ante tanto dolor. Desgraciadamente, no son estas las únicas voces que nos llegan del flagelo de la guerra y la violencia. A través de los medios de comunicación escuchamos el eco de la violencia e inseguridad en muchos lugares del mundo.

Ante todas estas situaciones que nos inquietan nos preguntamos como fieles cristianos: ¿qué podemos hacer?, ¿cómo ser instrumentos de paz en este contexto actual plagado de violencia y conflictos?

Además de procurar cada uno de nosotros ser fieles al mandato supremo del Amor (cf. Jn 13, 35), no podemos olvidar la importancia de la oración (cf. Mt 7, 7). La oración, suscitada por el Espíritu Santo, llega al mismo corazón de Dios, que desea mover con su gracia los corazones de los hombres, para que abandonen toda forma de violencia y así abran caminos de paz y de justicia, fomentando la concordia entre las naciones.

¡Qué bonito sería si aprovechamos este mes del Rosario, para desgranar esas cuentas, individualmente o en comunidad, y ofrecerlas por esta intención de la Paz! ¡Qué bueno sería si los sacerdotes celebramos también en alguna ocasión con nuestras comunidades parroquiales alguno de los formularios del Misal dedicados a orar por la paz y la concordia! (cf. Misal romano, p. 1006 y ss).

Os agradezco de corazón vuestra sensibilidad para acoger esta llamada del papa Francisco a orar todos juntos por la paz en todo el mundo y os pido que hagamos nuestros, con los gozos y esperanzas, también los sufrimientos y anhelos de tantas personas que no tienen el privilegio de vivir en un ambiente de paz y seguridad como nosotros.

Os encomiendo en mis oraciones, que Dios os bendiga.

No tengamos miedo a ser santos

Todos los cristianos estamos llamados, a pesar de nuestras faltas, más aún, con ellas, a la santidad plena.

13 de noviembre de 2022

Tenemos todavía cerca la solemnidad de Todos los Santos a la que sigue la conmemoración de los fieles difuntos. Es una llamada de la Iglesia, nuestra Madre, a no olvidar que nuestra meta es el cielo.

En el n.11 de la constitución dogmática sobre la Iglesia del Concilio Vaticano II "Lumen Gentium" se nos recuerda que todo el Pueblo de Dios es sacerdotal, ya que Cristo, el Señor, Pontífice tomado de entre los hombres, ha hecho del nuevo Pueblo de Dios «un reino de sacerdotes para Dios, su Padre» (Ap 1,6).

Este sacerdocio se actualiza por la participación en los sacramentos de la Iglesia, como medio que el Señor nos ofrece para comunicarnos su gracia en el Espíritu Santo, y por las virtudes.

El Señor nos ofrece los sacramentos –¡esos medios tan abundantes y eficaces!– para que todos los cristianos, cada uno, cada una por su propio camino, lleguemos a perfección de la santidad, cuyo modelo es nuestro Padre Dios.

Hemos de dar testimonio de Cristo en todas partes y a todas horas y dar razón de nuestra esperanza en la vida eterna y en la resurrección allí, en aquella condición, en la que el Señor nos ha puesto (cf. 1Pe 3,5).

Pero hablar de la perfección de la santidad nos asusta. En seguida pensamos y decimos: "¡Eso no es para mí!"; "¡Yo me conozco!"; "¡Conozco bien mis defectos y pecados y los experimento cada día!" Sí. Eso es verdad.

Todos experimentamos más o menos lo mismo. Pero eso no puede ser excusa para dejar de luchar. La llamada a la santidad es para todos los cristianos.

Echemos una mirada a los apóstoles, los primeros que siguieran la llamada del Señor. Leamos qué nos dicen los evangelios de ellos: son ambiciosos, intolerantes a veces, jactanciosos, hay a veces pesimismo en ellos y otras veces excesivo entusiasmo..., pero con el tiempo, con la gracia del Espíritu Santo y su lucha constante, llegarán a dar la vida por Cristo.

Sucede lo mismo a través de los siglos en quienes han querido seguir a Cristo. Ahí está san Agustín, cuya conversión conocemos, pero también santa Teresa del Niño Jesús, que a veces ha sido presentada como muy infantil, cuando en realidad tenía un carácter terco. Decía su madre: «es de una terquedad casi invencible».

Cuando dice que no, no hay potencia humana que la reduzca; aunque la metiésemos un día entero en el cuarto oscuro, preferiría dormir en él que decir que sí» (Manuscritos autobiográficos de santa Teresita) o san Alfonso María de Ligorio, que, a la edad de ochenta años, decía a una persona: «si hemos de discutir, dejemos que la mesa esté entre los dos; yo tengo sangre en las venas».

Os sugiero leer y meditar en este mes de noviembre la exhortación apostólica "Gaudete et Exultate", en la que el papa Francisco nos invita a recorrer este camino, hablándonos de los santos de la puerta de al lado.

¡No perdamos la esperanza! La santidad consiste en luchar.

Si hemos caído, procuremos levantarnos. Procuremos decir al Señor: ¡Ahora comienzo! Y así muchas, muchas veces durante el día y durante la vida.

No sabemos el camino que todavía hemos de recorrer. Habrá caídas, pero con la gracia de Dios, con la oración, con los sacramentos, con el ejemplo de nuestros hermanos y hermanas en la fe, nos levantaremos y seguiremos caminando: ¡Ahora empiezo!

Intentemos que lo que hagamos hoy esté hecho con un poco más de amor, de cariño, de fervor de lo que lo hicimos ayer. Que el Señor nos encuentre así, en esta lucha, que nos da paz y felicidad también en esta tierra.

Año 2023

Recordando a Benedicto XVI

Allí, en Cuatro Vientos, a pesar de la tormenta, Benedicto XVI permaneció firme bajo la lluvia en el altar y, ante el silencio atronador de más de un millón de fieles, adorando a Jesús de rodillas nos hablaba de la centralidad de Cristo, camino, verdad y vida.

15 de enero de 2023

"¡Jesús, te amo!". Estas fueron las últimas palabras de nuestro querido papa emérito Benedicto XVI en la madrugada del 31 de diciembre. Con estas palabras, que resumen toda su vida, nos dejó para partir a la Casa del Padre.

La noticia de su fallecimiento, en el quicio final del año, al tiempo que nos sobrecoge, nos debe impulsar a la oración confiada por el que ha sido como un padre en la fe para todos los cristianos y a dar muchas gracias a Dios por su vida y ministerio como sucesor de Pedro.

Testimonio especialmente elocuente en estos diez últimos años 'sosteniendo a la Iglesia con su silencio', como dijo el papa Francisco hace pocos días. Él mismo se definió al inicio de su pontificado como un 'humilde trabajador en la viña del Señor'.

En su testamento, hecho público con motivo de su fallecimiento, impresionan las palabras: "¡Manténganse firmes en la fe! ¡No se dejen confundir!" En este escrito que data del año 2006 nos descubre lo íntimo de su corazón: la gratitud a Dios por el don de la familia, que ha marcado la vida de fe de un teólogo tan eximio; el reconocimiento de la presencia de Dios en los avatares difíciles y sinuosos de la vida; la riqueza que ha supuesto el contacto con tantas personas a lo largo de su vida.

Es una llamada a la confianza en Dios, que guía en última instancia la historia de los hombres con la potencia de su Amor, revelado en Jesucristo, que ha hecho de la Iglesia verdaderamente su cuerpo, a pesar de todos sus defectos e insuficiencias, la relación íntima entre la fe y la razón, la fe y la verdadera ciencia, la fe y la recta interpretación de la Sagrada Escritura.

¡Son tantos los hitos que podríamos recordar de su pontificado, especialmente de su riquísimo magisterio! En España hemos tenido la gracia de tenerlo entre nosotros en varias ocasiones muy significativas.

Todas son dignas de ser recordadas, pero qué duda cabe que aquella vigilia de adoración en Cuatro Vientos, en la JMJ de 2011 en Madrid, fue una experiencia absolutamente inolvidable para todos.

A pesar de la tormenta, permaneció firme bajo la lluvia en el altar y, ante el silencio atronador de más de un millón de fieles, adorando a Jesús de rodillas nos hablaba de la centralidad de Cristo, camino, verdad y vida.

Precisamente Jesucristo ha sido el centro de su vida y de su pontificado. El regalo que nos ha hecho con su obra en tres volúmenes sobre Jesús de Nazaret así lo indica. Seguramente, uno de los mejores testimonios de gratitud, que podemos dar en estos momentos, es volver a leer y estudiar su rico y sabroso magisterio, accesible a todos, porque a pesar de su elevada teología, sus destinatarios eran los fieles sencillos, cuya fe siempre tuvo como empeño defender, proteger y aumentar de los fríos y recios vientos de la secularización.

Siguen resonando en mi corazón aquellas palabras con las que comienza su encíclica *Deus Caritas est*: "No se comienza a ser cristiano por una decisión ética o una gran idea, sino por el encuentro con un acontecimiento, con una Persona, que da un nuevo horizonte a la vida y, con ello, una orientación decisiva".

Le pedimos al Señor que le dé el descanso en su seno al servidor bueno y fiel. Más aún, le pedimos al Padre Eterno, que nuestro querido Benedicto siga cuidando de nosotros, de la Iglesia y del mundo, desde el cielo.

Personalmente, doy gracias al Señor por haber recibido a través de él la ordenación episcopal. ¡Gracias, Benedicto! ¡Gracias, Señor!

De nuevo el aborto

El debate sobre el aborto se vuelve a encender tras las medidas anunciadas por un gobierno autonómico español. Entre tantas preguntas, ¿qué es lo que debe estar claro?

22 de enero de 2023

Escribo estas líneas sobre el aborto, a propósito de la polémica suscitada recientemente en la Comunidad Autónoma de Castilla y León, pero quedando fuera de toda discusión política partidista. Quiero escribir desde la realidad de las cosas, desde la evidencia. Hay, al menos, dos evidencias, que no se pueden soslayar y que hay que seguir repitiendo si no queremos perder del todo la razón en una cuestión tan fundamental para la persona y para la sociedad.

La primera es que, desde el primer momento de la concepción, hay una nueva vida humana, que comienza su andadura vital en el seno de la madre; íntimamente unida a ella, íntimamente dependiente de ella, pero una vida humana distinta de ella. No podemos poner el comienzo de una nueva vida humana ni un segundo después de ese instante preciso de la concepción, porque, si así lo hacemos, ya no habrá forma de ponerse de acuerdo cuando es el comienzo.

La segunda evidencia es que realizar un aborto no es competencia exclusiva de la mujer, ya que se trata de un embrión de la especie humana y su preservación atañe a toda la humanidad.

En estas dos evidencias pienso que estamos de acuerdo todas las mujeres y hombres con un mínimo de sentido común.

Son dos evidencias que no van a cambiar por mucho que se repita que el embrión es "una cosa", una "protuberancia", una "amalgama de células" hasta no se sabe en qué momento mientras dura su proceso de formación o por mucho que se repita que el aborto es de exclusiva competencia de la mujer.

Imagino que cuando una mujer va a abortar por graves dificultades en su vida, lo que más le puede molestar es que le hablen de que se trata de su exclusiva competencia o responsabilidad, o de que tiene derecho a hacerlo. Imagino que esa mujer les diría en lo íntimo de su conciencia: "por favor, déjeme ustedes en paz; ¿piensa usted de verdad que pueda tener un verdadero derecho para obrar así?". Esto no es cuestión de derechos, sino de dramas humanos muy profundos, que nos afectan a todos, mujeres y hombres, como seres humanos y que habría que afrontar globalmente de otro modo. Pero esto por ahora es una utopía.

El aborto es un drama humano mundial que tuvo sus inicios, en los tiempos modernos, durante los años 60 del siglo pasado, alentado por la oligarquía financiera internacional bajo influencia de la famosa familia Rockefeller. ¿Llegará el momento en que caeremos en la cuenta del drama humano colosal que se está produciendo? Espero que llegue ese día en que triunfe el verdadero progreso humano.

Familia, más que un concepto

La familia es anterior al Estado. Este no es su inventor o fundador, como la propuesta de ley pretende establecer.

2 de marzo de 2023

Me ha llamado mucho la atención leer y escuchar, a través de los medios, la propuesta del Ministerio de Derechos Sociales y Agenda 2030 de España de una futura ley con la inclusión de hasta dieciséis tipos diferentes de familia, que fue aprobada, como anteproyecto de ley, el pasado 13 de diciembre en el Consejo de Ministros.

La propuesta de ley comienza reconociendo que no existe la familia sino las familias y habla de la familia «retornada», la «intercultural», la «trasnacional», la «biparental» etc. La excusa para tal ampliación parece ser establecer un sistema de ayudas económicas, jurídicas y sociales para todas las personas.

Tal excusa no justifica ampliar el concepto de familia a toda clase de situaciones de convivencia humana porque deshace el concepto de familia.

Los cristianos miramos siempre el matrimonio y la familia a la luz del Evangelio, pero también a la luz de la experiencia humana universal. La Iglesia es iluminada en su doctrina sobre las cuestiones del matrimonio y la familia por el Evangelio, pero no solo por el Evangelio, sino también por la experiencia del ser humano que posee después de dos milenios de existencia.

Una primera convicción que se deriva tanto del Evangelio como de esa experiencia multisecular es que el bienestar de las personas y de toda la sociedad, en sus múltiples facetas, está estrechamente ligado al bienestar del matrimonio y la familia, es decir, que el verdadero progreso de bienestar, de bien común, de libertades y de igualdad que la sociedad demanda continuamente, está íntimamente vinculado con la prosperidad de la comunidad conyugal y de la familia.

Junto con los católicos, hay muchos millones de hombres y mujeres de otras confesiones cristianas y de otras religiones (judía, musulmana...) y hombres y mujeres de buena voluntad, que tienen en gran estima esta comunidad de amor y del respeto a la vida que es el matrimonio y la familia.

Ante los desafíos muchos y graves para el matrimonio y la familia que existen hoy en nuestras sociedades occidentales, sobre todo la facilidad del divorcio (que el Concilio Vaticano II denomina como epidemia), el aborto, el amor libre (uniones sin ningún compromiso público) etc., no podemos perder el gran tesoro para la humanidad de todos los tiempos que es el matrimonio y la familia.

En la base de todos los desafíos contra la familia están siempre el egoísmo humano, el hedonismo y los usos ilícitos contra la generación y no podemos extrañarnos que afloren continuamente en la historia.

La doctrina de la Iglesia se basa sobre el carácter sagrado del matrimonio y la familia. Sin esto no se entiende nada. No es un invento humano o cultural, sino fundado por el Creador y en posesión de bienes y fines que les son propios: una comunidad de vida y amor establecida sobre la alianza de los cónyuges, es decir, sobre su consentimiento personal e irrevocable.

Esta alianza es asumida por Cristo mediante el sacramento del matrimonio, imagen del amor entre Cristo y la Iglesia y con una ayuda y fortalecimiento de esa alianza en lo que se refiere a la irrevocabilidad del consentimiento y a la maternidad y paternidad.

Evidentemente ese consentimiento es decisivo para toda la vida y debe prepararse con una formación adecuada. El fin principal es la ayuda mutua, el amor mutuo y la procreación y educación de los hijos.

El amor conyugal debe compaginarse con el respeto a la vida humana. No puede haber contradicción verdadera entre la ley divina de la trasmisión de la vida y el fomento del genuino amor conyugal.

Cuando se trata de conjugar el amor conyugal con la responsable trasmisión de la vida, la índole moral de la conducta no depende solamente de la sincera intención o apreciación subjetiva, sino que debe determinarse por criterios objetivos tomados de la naturaleza y dignidad de la persona humana y de sus actos.

En definitiva, la familia es anterior al Estado. Este no es su inventor o fundador, como la propuesta de ley pretende establecer.

La Iglesia, ¿un estorbo?

Quien juzga la Iglesia desde fuera, como una institución humana más, sin fe en Cristo, la considerará siempre como "atrasada", no acorde con los tiempos, en definitiva, un estorbo para el goce del cuerpo y de la vida.

29 de marzo de 2023

Algunas de las informaciones que llegan a la opinión pública sobre la Iglesia trasmiten una visión problemática sobre la misma, cuando no abiertamente negativa: abusos, disonancia con lo que hoy pide la sociedad, la cultura moderna, las tendencias actuales y los estilos de vida.

Desde esa perspectiva, la Iglesia y el cristianismo, en general, aparecen como un estorbo, un entorpecimiento al "progreso". Es normal que los cristianos notemos ese ambiente social, cultural, que intenta ocultar, solapar o pasar indiferente ante la fe cristiana.

Ello ni nos debe asustar, ni nos debe inquietar o impresionar, ni mucho menos nos debe llevar a ocultar nuestra fe. Con sencillez, sin perder la calma, hemos de vivir conforme a lo que creemos en todos los ambientes en los que se desenvuelve nuestra vida de cristianas, de cristianos. El Señor ya nos advirtió que habría oposición, que la fe cristiana no sería aceptada siempre con paz. Lo que no puede suceder es que nos achiquemos, nos llenemos de complejos u ocultemos nuestro ser discípulos de Cristo.

Se ataca, por ejemplo, el celibato o la doctrina cristiana sobre la sexualidad humana o el protagonismo de la mujer en la Iglesia, pero en el fondo lo que está en juego y lo que se ataca es la fe cristiana. Quien juzga la Iglesia desde fuera, como una institución humana más, sin fe en Cristo, la considerará siempre como "atrasada", no acorde con los tiempos, en definitiva, un estorbo para el goce del cuerpo y de la vida.

Estamos a las puertas de la Semana Santa y la Iglesia proclamará de nuevo la Cruz de Cristo como fuente de salvación, de felicidad y de vida. He ahí la paradoja del cristianismo. Quien hace opción por la fuerza de su deseo, autónomo e individualista, como único camino de felicidad, no necesitará a Dios ni ninguna redención, ni mediación alguna entre Dios y el hombre. Pero esa opción, llevada al extremo, deja al hombre solo, sometido a su deseo, que al final es "su dios". Para quien hace esa opción sobra Cristo, sobra la Iglesia y sobra el sacerdocio, porque queda anulado el valor eterno de la persona.

El celibato, ¿fruto de lo humano?

¿Es el celibato fruto de lo humano? ¿Pueden encontrarse sus raíces en algún lugar más allá de las imposiciones humanas?

5 de mayo de 2023
Una de las afirmaciones más recurrentes cuando se habla del celibato de los sacerdotes es aquella de que se trata de una ley eclesiástica sin más. O hablando más en abstracto, que se trata de pura disciplina eclesiástica. Otra forma de decir prácticamente lo mismo es afirmar que no se trata de un dogma de fe. Otra de las afirmaciones más comunes es decir que el celibato eclesiástico fue instituido a principios del siglo XII en dos Concilios de

Letrán, el primero en 1123 y el segundo en 1139. Como si un árbol de tal magnitud y altitud en la Iglesia hubiera surgido espontáneamente y se hubiera desarrollado como de golpe, en unos días de Concilio, fruto de la decisión de algunos obispos reunidos en Roma.

El fenómeno de la secularización, el oscurecerse de la fe, sobre todo en los países de antigua tradición católica, y, como consecuencia, la crisis de vocaciones sacerdotes que la acompaña, está obligando a una profunda reflexión y debate sobre el sentido y la conveniencia actual del celibato sacerdotal.

En definitiva, ¿es una norma querida por el Espíritu del Señor Jesús o es fruto de circunstancias históricas cambiantes? San Pablo VI, en la encíclica Sacerdotalis Coelibatus y San Juan Pablo II, en su primera carta del Jueves Santo de 1979 a los sacerdotes, siguiendo la doctrina del Concilio Vaticano II, afirman que el celibato sacerdotal se inspira en el ejemplo de nuestro Señor, en la doctrina apostólica y en toda la Tradición.

Volver a Cristo

¿Es esta afirmación cierta, segura, seria? Para entender, aceptar de corazón y promover el celibato eclesiástico como una joya preciosa de la Iglesia de Cristo hay que retraerse al principio. Está íntimamente ligado al misterio de la Encarnación. Ya desde el Concilio de Nicea (325) se estableció dogmáticamente que Cristo no está en la línea de los antiguos "hijos de dioses", sometidos al Dios supremo. Él mismo es Dios, la revelación personal de Dios: "Dios y hombre verdadero".

Lo que Cristo piensa, vive, dice, obra, tiene valor absoluto. Todo el cristianismo queda así sustraído a lo puramente humano, al tiempo y a la historia. Es la aparición de algo absolutamente nuevo, que no admite correlación o conexión alguna hacia atrás. Rompe la serie de causas naturales, donde una deriva de la otra. Es esencialmente nuevo y sobrenatural.

El celibato en la Sagrada Escritura

Es en la persona de Jesucristo, en su ejemplo y su predicación, en su misterio total, donde afonda el celibato sacerdotal. Ciertamente que, en la historia del celibato eclesiástico, tendrá su influencia también el ejemplo del sacerdocio de la Antigua Alianza. Este ordenaba a los sacerdotes abstenerse de las relaciones conyugales durante el ejercicio de su ministerio en el Templo. Pero es la persona de Cristo, su ejemplo de vida y su doctrina la que aparecerá como decisiva a lo largo de la historia de la Iglesia para establecer esa "múltiple armonía" (**PO**, 12) entre sacerdocio del Nuevo Testamento y celibato.

Cristo vivió célibe y muy pocos se han atrevido a poner en duda esta realidad, trasmitida de forma unánime por la Sagrada Escritura y la Tradición. Baste, a este propósito, la famosa frase de Karl Barth: «es un hecho –y la ética protestante en su exaltación del matrimonio, surgida en la lucha contra el celibato romano de los sacerdotes y religiosos, ha olvidado este punto– que Jesucristo, de cuya humanidad ninguna duda existía, no ha tenido otra amante, novia, esposa, familia y hogar fuera de su comunidad».

Espíritu Santo, el «revelador» de Dios

El Espíritu Santo que es el Amor de Dios, nos revela a Cristo, que es la manifestación del Amor de Dios, pero no se revela a Sí mismo.

14 de junio de 2023

Leyendo estos días el Catecismo de la Iglesia Católica, en los puntos que se refieren al Espíritu

Santo, como preparación para la solemnidad de Pentecostés, hallé, en el punto 687, una consideración que me pareció muy bella. Dice el Catecismo, citando el Evangelio de San Juan, que «el Espíritu de verdad que nos "desvela" a Cristo "no habla de Sí mismo" (Jn 16,13)».

En efecto, el Espíritu Santo se oculta, "no habla de Sí mismo". Es un ocultamiento tan discreto, que nos desvela como es Dios, en su intimidad. Nos desvela –podríamos decir– la humildad insondable de Dios.

El Espíritu nos hace conocer lo íntimo de Dios (cf. 1 Co 2,11): Dios Amor; nos revela a Cristo, que es la manifestación del Amor de Dios, pero no se revela a Sí mismo. "No habla de Sí mismo". ¡Es la humildad de Dios! (Jn 16,13).

Esa "humildad", ese "ocultamiento" lo reversa sobre las personas que se dejan invadir por su presencia. Lo reversa, sobre todo, en el mismo Jesús, ¡que es «... humilde de corazón!» (Mt 11,29). Lo reversa en María, que confiesa con toda verdad que Dios «ha puesto sus ojos en la humildad de su esclava» (Lc 1,48).

Esa humildad verdadera que nos hace experimentar que nuestros méritos son dones de Dios nos lleva al amor a los hermanos; es condición para amar de verdad como Dios nos ama. Sin esa humildad de fondo no podemos amar.

Sin esa humildad nos llenamos cada vez más de nosotros mismos. Nos hinchamos en nuestra soberbia y somos incapaces de amar y servir.

Pero, ¿qué debo hacer para que el Espíritu Santo ponga su morada en mí?; ¿cómo estoy seguro que habita conmigo si su presencia es tan suave y oculta? El Evangelista San Juan nos dice que la piedra de toque, el jaspe útil para detectar monedas falsas, como hacían los antiguos comerciantes y joyeros, es la fe en Cristo (cf Jn 14,17): creer en Cristo; amar a Cristo; cumplir su mandamiento.

El Espíritu Santo ama ocultarse y de hecho se oculta al mundo que «no puede recibirle, porque no le ve ni le conoce» (Jn 14,17), mientras que los que creen de verdad en Cristo y lo siguen, esos le conocen, conocen al Espíritu porque en ellos mora.

La venida del Espíritu Santo en el día de Pentecostés, en el que se revela plenamente la Santísima Trinidad, en el que el Reino anunciado por Cristo se abre a la humanidad, llega efectivamente a todos los que creen en Él en la humildad de nuestra carne y en la fe. Con su venida, el Espíritu Santo hace entrar en su Reino, ya poseído, aunque todavía no manifestado plenamente.

La puerta de ingreso es la fe en Cristo y la humildad. El Espíritu Santo, por el que encontramos la verdadera fe, nos hace clama exclamar: "Abbá, Padre!" (Rm 8,15) y "Jesús es el Señor!" (1 Co 12,3).

Sínodo de la Sinodalidad

El próximo Sínodo ha difundido un clima de diálogo y escucha entre todos los fieles. Que a este clima acompañe también un clima de docilidad por parte de todos al Espíritu Santo.

4 de julio de 2023

Nos estamos preparando para la celebración del Sínodo entre el 4 al 29 de octubre y en octubre de 2024. Será un Sínodo especial, ya que versará sobre el carácter sinodal de la Iglesia y ha sido preparado por una consulta a nivel de Iglesia universal.

Hay cuestiones a tratar de lo más variadas; algunas voces han pedido cambios en la moral sexual o revisar las normas sobre el celibato de los sacerdotes en la Iglesia latina.

Todo ello crea expectación en muchos fieles, pero también perplejidad, temor, duda… Toda la dinámica de preparación del Sínodo responde a la convicción de que el Espíritu Santo distribuye sus dones entre todos los fieles y, por tanto, hay que escuchar y dialogar entre todos, con la confianza de que aún el más pequeño, tiene algo importante que decir.

En verdad, todos los fieles tienen parte en la comprensión y en la trasmisión de la verdad revelada. El "depósito sagrado", contenido en la Tradición eclesial y en la Escritura, fue confiado por los Apóstoles al conjunto de la Iglesia, a todos los fieles, sin excepción. Es "el depósito", del cual habla repetidamente san Pablo a su fiel discípulo Timoteo: «Timoteo, ¡guarda el deposito!» (1Tm 6,20; cf 2Tm 1,14).

Dicho depósito, confiado a todos los fieles por los Apóstoles, debe preservarse, practicarse y proclamarse mediante la unión entre pastores y pueblo, con la ayuda de la Eucaristía y la oración en común. Parece que se quiere sea un Sínodo con participación de todos, incluso a la hora de las votaciones.

A este punto conviene tener presente, sin embargo, que el carisma de la interpretación auténtica de la Palabra de Dios, trasmitida por Tradición oral o escrita, ha sido confiado por el Señor Jesucristo sólo al Magisterio vivo de la Iglesia, que lo ejercita en su nombre, como enseña el Concilio Vaticano II en la Constitución Dei Verbum n.10.

Ese Magisterio vivo no ha sido encomendado por el Señor ni a los teólogos, ni a los carismáticos, ni a los fieles en general sino sólo a los obispos en comunión con el sucesor de Pedro, el Obispo en la sede romana.

Pero ni el magisterio ni el pueblo están por encima de la Palabra de Dios, trasmitida por Tradición oral o escrita, sino a su escucha. Toda la Iglesia está siempre a la escucha de esa Palabra y toda la Iglesia recibe con docilidad la interpretación auténtica que el Magisterio de ella realiza.

Es así, de esta manera orgánica, como la totalidad de los fieles –pastores y fieles– no puede equivocarse en la fe (cf. LG, n.12).

El próximo Sínodo ha difundido un clima de dialogo y escucha entre todos los fieles. Que a este clima acompañe también un clima de docilidad por parte de todos al Espíritu Santo, que ha hablado en la Tradición oral y escrita y que el Magisterio interpreta con la autoridad recibida del mismo Señor.

A propósito del nuevo *Motu proprio* sobre las prelaturas personales

Las "Prelaturas personales" son una realidad jurídica, nacida del Concilio Vaticano II, para los fines que, en el texto conciliar, se especifican y no hay que asimilarla a ninguna otra.

10 de agosto de 2023 Motu proprio

Asimilando las «Prelaturas personales» a las «Asociaciones clericales», a mi parecer, no se interpreta correctamente el Concilio Vaticano II. El Concilio, para los fines eclesiales que especifica en el Decreto «Presbyterorum Ordinis» y otros do-

cumentos conciliares y postconciliares, habla de
«Prelaturas personales», cuando perfectamente
hubiera podido hablar de «Asociaciones» de diver-
so tipo, pues ya existían en la época conciliar. ¡Pero
no!, el Concilio Vaticano II habló precisamente de
«Prelaturas» y no es mucho suponer que los Padres
conciliares sabían distinguir entre «Prelaturas» y
«Asociaciones».

Las «Prelaturas personales» son una realidad
jurídica, nacida del Concilio Vaticano II, para los
fines que, en el texto conciliar, se especifican y no
hay que asimilarla a ninguna otra, pero mucho menos a una Asociación.

Si acaso hubiera que buscarle una asimilación,
que tanto parece gustar a algunos, habría que asimilarla, de algún modo, a las Prelaturas territoria-
les, que ya existían al tiempo del Concilio y los Padres conciliares sabían bien lo que eran.

Aquí, como siempre en el lenguaje, importa el
sustantivo, no tanto el adjetivo.

El salmo 128 y el celibato

4 de septiembre de 2023

Rezando, hace unos días, con el salmo 128, según el comentario que hace E. Beaucamp en su
libro "Dai Salmi al Pater", pensaba en todos los sa-

cerdotes de la Iglesia latina, que, siguiendo una tradición eclesial antiquísima, nos comprometimos en el seguimiento de Cristo, dejando atrás aspiraciones humanas tan básicas y bellas como el amor conyugal y la formación de un hogar.

El salmo canta la bendición de los justos de Israel que «¡temen a Yahvé y recorren todos sus caminos!» (v.1). Dicha bendición ratifica la mirada benevolente de Dios para quien tiene fe viva en Él y, sin reservas, se abandona a su Voluntad. Además, esta bendición lleva consigo la seguridad de que fuera de «sus caminos», los hombres no encontrarán sino ilusiones y desilusiones. No se puede construir la propia vida fuera de Yahvé. No se puede construir la propia vida sin confiarse a las manos fuertes de Dios o, para decirlo con las palabras mismas del salmo, viviendo «en su temor». El temor de Dios no es el miedo a Dios que lleva a huir de Él, sino que el verdadero temor de Dios invita a servirlo, a refugiarse en Él, a esperar en su amor (Sal 33,18; 147,11); en definitiva, a echarse confiadamente entre sus brazos. Dios no dejará de repetirnos a lo largo de toda la Revelación: "no temas, Yo estoy contigo".

«...Del trabajo de tus manos comerás/ ¡dichoso tú, que todo te irá bien!» (v.2). La bendición del salmo 128 se traduce en éxito, en deseos colmados, en descanso feliz. Ver fructificar el propio trabajo es la primera señal de una vida lograda. Al contrario, sembrar y no recoger, no habitar la casa que se ha construido con esfuerzo es para todo israelita una de las peores maldiciones. Yahvé ya había advertido a los israelitas. Fuera de "mis caminos", «sembrareis en vano vuestra semilla, pues el fruto se lo comerán vuestros enemigos» (Lv 26,16); «el fruto de tu tierra y toda tu fatiga lo comerá un pueblo que no conoces» (Dt 28,33). Esta amenaza fue probada por los israelitas, en toda su crudeza, durante el exilio. No obstante, es necesario interpretar bien esta bendición. Sabemos que Dios no es un distribuidor automático de recompensas y castigos. Sin embargo, el Señor nos asegura que, trabajando con Él, nuestras fatigas y trabajos no serán en vano: «Yahvé tu Dios te bendecirá en todas tus cosechas y en todas tus obras, y serás plenamente feliz» (Dt 16,15).

El Salmo continúa: «tu esposa como parra fecunda dentro tu casa» (v.3). La parra, la viña es símbolo de paz y de felicidad. La mujer viene asociada a esa paz y felicidad doméstica. Si la viña era un don de Dios para Israel, como fruto exquisito de la tierra prometida, la mujer es el don de Dios por excelencia. La Sagrada Escritura parece conceder ventaja al hombre sobre la mujer como sujeto posesivo, pero también el hombre procede de la mujer, es posesión de la mujer y ambos se deben una común responsabilidad y empeño de amor total y mutuo, tal como lo trasmitirá el apóstol Pablo, refiriendo el todo al misterio entre Cristo y la Iglesia: «sed sumisos los unos a los otros en el temor de Cristo: las mujeres a sus maridos como al Señor (…). Maridos, amad a vuestras mujeres como Cristo amó a su Iglesia y se entregó a Sí mismo por Ella» (Ef 5, 21-25).

A continuación, el Salmo dice: «Tus hijos, como brotes de olivo, en torno a tu mesa» (v.3). La casa se llena de hijos, que aseguran la prosperidad y la perpetuidad de la felicidad doméstica y que todos los huéspedes admirarán cuando se sienten a la mesa repleta de los frutos del campo. Los hijos como los brotes de olivo han de ser injertados en el viejo olivo de la tradición religiosa de Israel. Sólo así las hijas e hijos en Israel podrán ser la felicidad de sus padres y asegurar un futuro de paz y prosperidad a la familia.

Si la bendición del Salmo 128 pone la felicidad del hombre en la constitución de un matrimonio y una familia bien unida y próspera en torno a la mesa doméstica, ¿por qué Jesús no se acogió a ella? El celibato de Jesús no pone en discusión la promesa de felicidad formulada por el Salmo 128. La imagen de la mujer como viña fecunda en el corazón de la casa conserva en la vida y el ejemplo de Jesucristo todo su valor. El Evangelio presenta a Jesús como Esposo, como el Esposo por excelencia: «mientras tengan consigo al esposo…» (Mc 2,19;

Mt 9,15); «ya está aquí el esposo!» (Mt 25,6). La Esposa es la nueva comunidad que surgirá de su costado abierto en la cruz (cf. Jn 19,34), como Eva del costado de Adán. Todo llegará a su plenitud con las bodas del Cordero: «Alegrémonos y regocijémonos y démosle gloria, porque han llegado las bodas del Cordero y su Esposa se ha engalanado y se le ha concedido vestirse de lino deslumbrante de blancura -el lino son las buenas acciones de los santos-. Luego me dice: "Escribe: Dichosos los invitados al banquete de bodas del Cordero"» (Ap19,7-9). Todos aquellos que se comprometerán, con su gracia, en seguirle en esa dimensión esponsal exclusiva y perpetua para con la Iglesia deberán dar su vida enteramente, compartiendo su responsabilidad marital con la Iglesia, engendrando hijos para la eternidad feliz.

¿Dónde está la verdad?

Las nuevas generaciones continúan preguntándose: "¿Quién soy? ¿Qué sentido tiene mi estar en el mundo? ¿A dónde voy?"

5 de octubre de 2023
   "¿Quién soy? ¿De dónde vengo? ¿Qué hago con mi vida? ¿A dónde voy?" Son las preguntas huma-

nas de siempre que ni el humanismo, ni las cien-
cias, ni la tecnología son capaces de contestar. En
cada época, los pensadores nos las vuelven a poner
delante y suenan siempre igual. Hasta donde esos
pensadores han podido llegar, con diversos acen-
tos, nos proponen que seamos humanos, que seamos lo que somos; en definitiva, que nos encontre-
mos con nosotros mismos.

Sin embargo, esas respuestas de los filósofos y
pensadores nos siguen dejando, en el fondo, vacíos
y las nuevas generaciones continúan preguntándose: "¿Quién soy? ¿Qué sentido tiene mi estar en el
mundo? ¿A dónde voy?"

Son preguntas que inquietan en lo profundo al
ser humano; son preguntas muy serias; son preguntas que nos comprometen hasta la médula. Sin
embargo, esta seriedad y compromiso, en vez de
atraernos en busca de la verdad última de nuestro
ser, parece como si quisiéramos evitarlas, esquivar-
las u ocultarlas, no se sabe dónde.

Quizás lo que más distingue a nuestra época es
la superficialidad, el querer olvidar o inutilizar el
espíritu crítico, el quedarse como sin fuerza de voluntad para afrontar esas preguntas, el dejarse caer
en el nihilismo, el no querer escuchar la conciencia; en definitiva, como el no tener fuerzas para en-
frentarse con la dimensión espiritual y moral de
nuestro ser personas.

Hay vídeos impresionantes de algunas calles de ciudades de Estados Unidos -pero no sólo-, en las que aparecen personas como zombis, destruidos moral y físicamente por la droga y la prostitución.

¿Será que hemos construido toda una civilización fundamentada, no en lo que somos, sino en lo que poseemos? ¿Será que el éxito y el prestigio social se anteponen a todo y nos dejan en un inquietante vacío existencial? Algún autor ha definido nuestro tiempo como "un páramo espiritual". Es urgente apelarse a cada persona humana para que cultive la dimensión "contemplativa" de su ser, para que sea "verdaderamente libre".

La persona "superficial", que no piensa por sí misma, sino que se deja llevar por ideologías, en apariencia dominantes, tendrá mucha dificultad para hacerse esas preguntas, de cuyas respuestas acertadas depende su felicidad. No olvidemos que culturalmente somos hijos de la Ilustración, la cual, con aspectos positivos y aciertos, ha cultivado, sin embargo, un racionalismo desconectado de la realidad trascendente de la persona humana, llevándonos a la postre a un gran vacío espiritual.

Siguen en pie aquellas palabras luminosas de Jesús: «Si os mantenéis en mi Palabra, seréis verdaderamente mis discípulos, y conoceréis la verdad y la verdad os hará libres» (Jn 8,31).

Jesús nos asegura que existe la verdad; nos confirma lo que ya percibimos con claridad en nuestro interior, es decir, que la verdad sólo puede ser una, aunque las mentiras o "medias verdades" sean muchas; nos ratifica que su Palabra es la verdad.

Ahí está, para quien la pida con humildad, la respuesta a esas preguntas permanentes del ser humano.

Sobre el informe del Defensor del Pueblo

La Iglesia es bien consciente hoy de que los abusos sexuales son, además de un pecado grave, un delito que debe ser castigado en el foro canónico y que debe colaborar con las autoridades judiciales de los estados para su investigación y resolución también en el foro civil.

4 de noviembre de 2023

A propósito del informe del Defensor del Pueblo sobre abusos sexuales en el ámbito de la Iglesia, y, sobre todo, en relación a las extrapolaciones que se han realizado a partir de los datos que presenta la encuesta de GAD3 adjuntada al informe, sólo deseo exponer estas tres consideraciones:

Primera: la Iglesia –fieles laicos, religiosos, jerarquía– quiere y busca sólo la verdad, el amor y la justicia. La verdad consiste en hechos, no en "estimaciones" demoscópicas, que suscitan perplejidad, alarma social, descrédito, vilipendio y grave peligro de difamación, en un asunto tan doloroso y delicado para todos. Gracias a Dios, hay mucha gente, tanto fuera como dentro de la Iglesia, que no se deja llevar por este tipo de especulaciones.

Segunda, la Iglesia mira a las víctimas y sólo desea escuchar, sanar y reparar, en la medida de lo posible, sus heridas. Son hijos e hijas suyos, que han sufrido una grave injusticia y que les ha condicionado muy dolorosamente la vida entera. La Iglesia desea tratarlos con el amor de Jesucristo. Pide y ha pedido perdón repetidamente por actuaciones pasadas de algunos de sus hijos, que no supieron ver y valorar la gravedad e injusticia que se cometía sobre víctimas inocentes. La Iglesia es bien consciente hoy de que los abusos sexuales son, además de un pecado grave, un delito que debe ser castigado en el foro canónico y que debe colaborar con las autoridades judiciales de los Estados para su investigación y resolución también en el foro civil.

Tercera, la Iglesia mira también con piedad y dolor a los victimarios, ayudándoles –salvaguardando siempre la presunción de inocencia, mientras no se pruebe el delito– a que asuman su dolorosa rehabilitación. Ellos son también sus hijos y desea que, en la medida de lo posible, lleguen a una sanación personal y a una reparación de las víctimas.

La luz y la vida de la Iglesia es el Evangelio, que nunca puede ir de la mano de la injusticia y de la falta de amor y de verdad.

Año 2024

Dios no se cansa de nosotros, ¿podemos decir lo mismo?

El camino de Cruz es la imagen de nuestra vida cristiana, ya que Él nos ha dejado un modelo para que sigamos sus huellas.

23 de febrero de 2024

¡De nuevo delante de nosotros el camino cuaresmal! De nuevo, el Señor nos prepara este tiempo de gracia y de consolación, de conversión, de penitencia y de auténtica libertad. "Recorramos todos los tiempos – nos recuerda la carta de san Clemente Papa a los Corintios – y aprenderemos cómo el Señor, de generación en generación concedió siempre un tiempo de penitencia a los que deseaban convertirse a Él".

He leído con más detalle, en estos días, la primera carta de San Pedro. El apóstol conoce bien y se hace cargo de las dificultades, contrariedades y sufrimientos en los que se desarrolla la vida ordinaria de aquellos primeros hermanos nuestros en la fe. Viven "afligidos en diversas pruebas" (1,6). Los paganos se burlan de ellos. El Apóstol, sin embargo, los exhorta, con fuerza, a no retroceder, a no amoldarse a las apetencias de antes de su conversión y de su bautismo. Viven en una sociedad pagana que se burla de su nueva forma de vivir.

La tentación es grande para mirar hacia atrás en su vida, para amoldarse "a lo de antes" y no complicarse la vida. Y esa tentación es perenne durante toda nuestra vida. El apóstol, ante esta tentación tan fuerte, les invita y nos invita a mirar a Jesucristo, a no apartar nunca la vista de Él, "a Quien amáis sin haberle visto; en Quien creéis, aunque de momento no le veáis" (1,8). Les pone delante a Cristo crucificado a fin de que sigan sus huellas: "pues para esto habéis sido llamados, ya que también Cristo sufrió por vosotros, dejándoos un modelo para que sigáis sus huellas (...) el que al ser insultado no respondía con insultos; al padecer no amenazaba, sino que se ponía en manos de Aquel que juzga con justicia" (2,21 ss.). El camino de Cruz es la imagen de nuestra vida cristiana, ya que Él nos ha dejado un modelo para que sigamos sus huellas.

En la vida personal, en la vida familiar, en la vida de sociedad, en la relación con las autoridades, los cristianos, pase lo que pase, han de seguir la misma conducta de Cristo crucificado. No responder al insulto con insulto, no amenazar, sino ser compasivos, amar como hermanos, ser misericordiosos y humildes (cf. 3,8). No devolver mal por mal, ni insulto por insulto.

La Cuaresma es recorrer de nuevo el camino de la conversión y de la verdadera libertad, como nos invita el Santo Padre en su Mensaje para la Cuaresma 2024: «Dios no se cansa de nosotros. Acojamos la Cuaresma como el tiempo fuerte en el que su Palabra se dirige de nuevo a nosotros. "Yo soy el Señor, tu Dios, que te hice salir de Egipto, de un lugar de esclavitud" (Ex 20,2).

Es tiempo de conversión, tiempo de libertad. Siempre tendremos esa tentación de volver a "las apetencias de antes", de volver a Egipto, de vivir a la manera de los paganos, de amoldarnos, de no complicarnos la vida».

Jesús mismo fue tentado. Durante estos cuarenta días de Cuaresma y durante toda nuestra vida Él estará con nosotros para acompañarnos, sostenernos y alentarnos en la lucha porque somos sus hijos "muy queridos" (cf. Mc 1,11).

En la medida en que nuestra conversión sea cada vez más sincera, en esa misma medida ponernos nosotros mismos y sentiremos, junto con toda la comunidad cristiana, más libres, más contentos, más felices y la misma humanidad sentirá el destello de una nueva esperanza.

Es la valentía de la conversión, de salir de la esclavitud; es la valentía de la fe y de la caridad las que llevan de la mano a esa esperanza de un mundo más humano, más fraterno, más cristiano.

Dignidad infinita

Esta semana, el Dicasterio para la Doctrina de la Fe ha publicado el documento "Dignitas infinita" sobre la dignidad humana, en el que condena, entre otras cosas, la violencia, la precaria situación de los emigrantes, el aborto, la maternidad subrogada o la ideología de género.

13 de abril de 2024

El Dicasterio para la Doctrina de la Fe acaba de publicar una Declaración titulada "Dignitas Infinita" (Dignidad Infinita) referida a la dignidad humana. La Iglesia, apoyada en la razón y en la Revelación, afirma que la dignidad de toda persona humana es «inalienable e intrínseca, desde el principio de su existencia (hasta su final natural) como don irrevocable». Precisamente porque esta dignidad es intrínseca permanece «más allá de toda circunstancia» y su reconocimiento no puede depender del juicio sobre la capacidad de una persona para comprender y actuar libremente. Una persona puede estar privada del uso de la razón o de su libertad sin por ello perder su dignidad humana. En este sentido, la Declaración denuncia que «a veces también se abusa del concepto de dignidad humana para justificar una multiplicación arbitraria de nuevos derechos, muchos de los cuales suelen ser contrarios a los definidos originalmente y no pocas veces se ponen en contradicción con el derecho fundamental a la vida».

La Declaración desglosa una amplia serie de temas que son «violaciones graves de la dignidad humana». Entre ellos, el drama de la pobreza, la tragedia de la guerra, la trata de personas, los abusos sexuales y la violencia contra las mujeres, el aborto, la maternidad subrogada, la eutanasia y el suicidio asistido, la ideología de género y el cambio de sexo. En este tema tan delicado, la Declaración matiza que «esto no significa que se excluya la posibilidad que una persona afectada por anomalías genitales, que ya son evidentes al nacer o que se desarrollan posteriormente, pueda optar por recibir asistencia médica con el objetivo de resolver dichas anomalías».

Como veis, se trata de un amplio texto donde se abordan temas de mucha gravedad y actualidad. A veces, nos puede dar la impresión de estar predicando en el desierto, aun tratándose de cuestiones, en las que la misma razón humana llega sin gran dificultad para saber distinguir qué es conforme a la dignidad humana y qué le es contrario. Sin embargo, respiramos una cultura relativista, individualista y hedonista en la cual lo que era evidente se convierte en problemático y se confunde, justificando -como dice la misma Declaración- una multiplicación arbitraria de nuevos derechos, que contradicen la misma dignidad humana en la que se pretenden fundamentar. Os animo a leerla con calma. Con mi bendición.

Comunión y corresponsabilidad

La comunión y el modo de vivirla entre cristianos adultos, que es la corresponsabilidad, exige una actitud constante de conversión personal y de formación continua para todos.

24 de junio de 2024

El próximo mes de octubre tendrá lugar en Roma la segunda fase del Sínodo de obispos sobre la sinodalidad. Los trabajos deberán centrarse fundamentalmente en la corresponsabilidad eclesial, que en la Iglesia es diferenciada.

Ello supone insistir en la responsabilidad cristiana de cada bautizado y en la formación constante derivada del bautismo y la confirmación. El Sínodo deberá fundamentar teológicamente y con detenimiento el porqué de la necesidad, en la Iglesia de hoy, de esta corresponsabilidad y de esa formación.

La corresponsabilidad está basada en los principios del Antiguo y del Nuevo Testamento, en la Tradición, en el Magisterio, sobre todo, del Concilio Vaticano II y Magisterio posterior.

La Iglesia nace, de la voluntad de Cristo, para evangelizar. La evangelización es la tarea fundamental de la Iglesia: «La Iglesia recibió de los Apóstoles el solemne mandato de Cristo de anunciar la verdad que nos salva para cumplirlo hasta los confines de la tierra» (LG, 17).

Pero la evangelización es impensable sin la comunión eclesial. Una comunidad dividida cae por si misma: «Todo reino dividido contra sí mismo es asolado y toda ciudad o casa dividida contra sí misma no permanecerá» (Mt 12,25).

La corresponsabilidad se entronca en la comunión; es el modo de vivir la comunión entre cristianos adultos. Por ello, la comunión, la corresponsabilidad y la evangelización están íntimamente unidas.

La comunión y el modo de vivirla entre cristianos adultos, que es la corresponsabilidad, exige una actitud constante de conversión personal y de formación continua para todos (obispos, sacerdotes, religiosos (as), laicos), ya que a todos nos cuesta la con-división y exponer nuestro parecer y modo de ver las cosas al parecer y consenso de los demás.

En la fundamentación teológica y pastoral de la corresponsabilidad se debería insistir en estos dos aspectos básicos.

La corresponsabilidad para la evangelización comporta tener clara en la mente la estructura de la Iglesia tal como fue querida por Cristo y trasmitida por la Tradición, la Sagrada Escritura y el Magisterio.

No se trata de convertir la Iglesia en una democracia al modo de los estados modernos, donde la mayoría de votos es la que cuenta.

Cristo ha querido para su Iglesia una estructura de comunión, de igual dignidad de bautizados, pero con pastores y fieles: «Todos los discípulos de Cristo han recibido el encargo de extender la fe según sus posibilidades. Pero...es propio del sacerdote consumar la construcción del Cuerpo con el sacrificio de la Eucaristía» (LG,17).

Cada cual debe tener claro que tal estructura no puede cambiarse, pero ello no quita nada a la corresponsabilidad. Es una forma distinta a la democrática de vivir una auténtica y sincera corresponsabilidad.

La corresponsabilidad exige pues apertura al Espíritu Santo, que es Quien guía la Iglesia y la evangelización, como aparece claramente en la Hechos de los Apóstoles.

Exige diálogo constante y de escucha, respeto y consideración por todas las opiniones, aunque sean minoritarias, en cuanto no contradigan las verdades de fe y moral que se contienen en la Sagrada Escritura y son expuestas por el Magisterio distinguiendo sus distintos grados de certeza y su constante actualización y fidelidad.

La corresponsabilidad exige discernimiento, siendo conscientes a todos los niveles eclesiales, que la última instancia del discernimiento en los asuntos que se refieren a la Iglesia universal y a su misión corresponden al Magisterio auténtico.

Tenemos ya estructuras de corresponsabilidad. Es urgente que, a todos los niveles, funcionen y funcionen bien.

Los distintos Consejos parroquiales, presbiterales, episcopales no pueden ser meros organismos que están en el papel, pero a la hora de la verdad no operan como previsto. Ahí tenemos toda una tarea pendiente.

No podemos olvidar, aunque sea más difícil, que la formación de los fieles laicos debe buscar su implicación en todos los ámbitos de la sociedad civil.

La Iglesia en su estructura fundamental es una combinación de fieles laicos y sacerdotes. Esa combinación para que funcione bien de cara a la santificación y la evangelización comporta que cada fiel sepa estar en su puesto, sin clericalizar al laicado y sin laicizar al sacerdote.

Año 2025

«Sentir en mí el poder de su resurrección» (Flp 3, 10)

El poder, la fuerza de la resurrección, es introducirnos para siempre en la vida y gozo de Dios, Padre, Hijo y Espíritu Santo.

20 de abril de 2025

«Todo para conocerlo a él, y la fuerza de su resurrección, y la comunión con sus padecimientos, muriendo su misma muerte, con la esperanza de llegar a la resurrección de entre los muertos» (Flp 3, 10-11). Esta afirmación de san Pablo en su carta a los Filipenses la escribe el apóstol en un contexto polémico. Quiere poner en guardia, con gran fuerza, a sus destinatarios frente a los judaizantes para establecer que la única salvación viene por la fe en Cristo Jesús. Todo lo considera el apóstol una pérdida en comparación con Cristo Jesús. Él –que podría gloriarse de ser linaje de Israel, ya que pertenece a la tribu de Benjamín, hebreo de hebreos– todo lo tiene por basura a fin de ganar a Cristo. Este ganar a Cristo lo centra el apóstol en «sentir (en Él) el poder de su resurrección».

La fe en Cristo tiene como fin conocerle (amarle) y sentir en Él el poder de su resurrección. Sentir en Él el poder de su resurrección es como el fin, la meta; pero no se llega a esta meta si no tengo «comunicación en sus padecimientos, configurándome conforme a su muerte».

La Resurrección como meta

La vida cristiana tiene, como es lógico, su centro y su eje en Cristo, en la identificación con Cristo. La primera predicación cristiana al pueblo judío, contenida en el discurso de san Pedro y trasmitida por los "Hechos de los Apóstoles", no presenta de inmediato al Verbo eterno, sino al Verbo encarnado, es decir, a Jesús, a quien ellos han conocido, visto y tratado, que ha caminado por sus calles y al cual han entregado a la muerte por medio de Pilato.

San Pedro pone el acento en este Jesús, en este «siervo Jesús» que, sin embargo, ha sido elevado a la diestra de Dios, es decir, igual a Dios, por su muerte y resurrección. Cuando san Pablo afirma perseguir «el sentir en él el poder de su resurrección» nos está indicando cuál es la meta de nuestra identificación con los padecimientos del «siervo Jesús». Esa meta es la vida divina, la participación en la vida y felicidad de Dios. El poder, la fuerza de su resurrección es introducirnos para siempre en la vida y gozo de Dios, Padre, Hijo y Espíritu Santo. Por eso, todo lo demás es basura. Jesús es nuestro único Salvador: «No hay salvación en otro alguno. Porque no ha sido dado otro nombre a los hombres bajo el cielo, en el que hayan de salvarse» (Hch, 4, 12). ¡¡Feliz Pascua de resurrección!!

Dos anécdotas para entender al Papa Francisco

El testimonio de Borges sobre el joven Bergoglio y una anécdota con George Weigel revelan el estilo dialogante y humano del papa Francisco.

5 de mayo de 2025
Toda la Iglesia está pendiente estos días, previos al Cónclave, de la elección del 267 Sucesor

del Apóstol Pedro. Rezamos, leemos noticias, hablamos en los círculos de amigos… En este clima, me he encontrado con un curioso vídeo, que circula por las redes, titulado «Tiene tantas dudas como yo».

En este vídeo, un periodista se hace eco del testimonio de un escritor y poeta argentino, llamado Roberto Altifano, que trataba y ayudaba al famoso escritor Jorge Luis Borges, en el que relata la opinión que este universal autor argentino tenia del entonces joven sacerdote jesuita, de 26 años, Jorge Mario Bergoglio.

Roberto Altifano trasmite esta confianza de Borges, que recojo del vídeo y, por tanto, no a la letra sino de memoria y resumiendo: «Roberto, qué rara y desconcertante suele ser a veces la gente de Dios. Hay dos curas que me visitan bastante de seguido y que nada tienen que ver entre ellos. Uno es Guillermo, un cura que heredé de mi devota madre. Otro es Jorge, un jesuita que es químico, con el que me une una gran amistad. Guillermo insiste en convertirme y no puede admitir que haya un credo agnóstico por el que yo me inclino. Es hora que termines con tus dudas, Jorge, me repite. Para los domingos, me invita a ir a misa, comer con sus hermanos de congregación en su casa y después ir al fútbol. El padre Bergoglio es una persona inteligente y sensata, se puede hablar de cualquier tema con él porque es un gran lector, pero observó que tiene tantas dudas como yo. A mi madre esto no le gustaría…".

Este testimonio de Jorge Luis Borges me parece que define bien el modo de ser y actuar, en el trato con las personas, del futuro papa Francisco, que acaba de dejarnos y refleja bien, además, toda una época eclesial.

Leia también hace unos días, un artículo del famoso periodista George Weigel. En su última entrevista con el Papa Francisco, tenida a finales de 2016, al presentarle Weigel su perplejidad sobre alguna de sus decisiones, el papa Francisco le contestó: «Oh, las discusiones están bien».

Pienso que son dos testimonios que recogen una faceta del modo de pensar y de tratar con la gente de nuestro querido papa Francisco. No sabemos cómo será el carácter y trato personal del futuro Papa. El cardenal Camilo Ruini, quien fuera Vicario del Papa para la Diócesis de Roma y presidente de la Conferencia Episcopal de Italia, ha trazado unas líneas para el próximo pontificado, que me parecen acertadas: caridad, firmeza doctrinal, buen gobierno y unidad.

In Illo Uno Unum (En Él que es el Único somos Uno)

Son muchos hombres y un Hombre solo; muchos cristianos y un solo Cristo: "In Illo Uno Unum". Él es el destinatario único de la bendición divina.

19 de mayo de 2025

El lema del escudo del Santo Padre León XIV, "In Illo Uno Unum" (En Él que es el Único somos Uno) puede parecernos como un acertijo latino. El lema –como es bien sabido– está tomado de la homilía de san Agustín sobre el salmo 127.

En san Agustín son frecuentes este tipo de expresiones. Para un obispo es importante la elección de su lema episcopal y, posteriormente, en el caso de León XIV, ratificarlo como su lema papal. Él mismo ha confesado que este lema refleja su forma de pensar y de vivir como cristiano y como obispo.

En una entrevista con los medios del Vaticano, en el mes de julio de 2023, dos meses antes de ser creado cardenal, Roberto Francisco Prevost explicó la importancia de este lema en su vida y su ministerio. Como agustino, dijo, la unidad y la comunión son principios centrales de su vocación. Para no tener duda alguna sobre esta importancia fundamental de la comunión y la unidad en la Iglesia sólo hay que leer y meditar el capítulo 17 del Evangelio de san Juan.

San Agustín y el salmo 127

Pero vamos a la fuente de donde el lema está tomado. San Agustín escribió una extensa exposición sobre el salmo 127. El santo obispo de Hipona enfatiza en su exposición la importancia de contar con Dios en la protección de la ciudad y en la construcción de la casa familiar. Sin la ayuda de Dios, los esfuerzos humanos son vanos. Es un canto a la familia de aquellos que temen al Señor. Todo depende de la ayuda de Dios, incluso el futuro de los hijos. La prosperidad de los hijos es una bendición divina.

Pero san Agustín se pregunta si esta bendición de Yahvé no se cumple también en aquellos que no temen al Señor. Es evidente que existen familias con hijos en las que no se teme al Señor. Por ello, san Agustín propone a sus fieles una interpretación cristiana del salmo, mirando a Cristo como plenitud de la Revelación. «Acoplemos las cosas espirituales a las espirituales», así comienza la homilía. Para ello acude a una realidad teológica muy querida para él y constantemente predicada por él: la unidad de los fieles con Cristo.

Formamos un solo Cuerpo con Él. ¿Y cuál es su Cuerpo? Su Iglesia, conforme dice el apóstol, «Somos miembros de su Cuerpo» y «vosotros sois cuerpo de Cristo y sus miembros». Ahora bien, hay un solo hombre que así es bendecido con la bendición a la que el salmo se refiere: es Cristo.

Únicamente teme al Señor aquel que se halla entre los miembros de este Hombre Único. Son muchos hombres y un Hombre solo; muchos cristianos y un solo Cristo: «In Illo Uno Unum». Él es el destinatario único de la bendición divina.

La Iglesia mártir de África

No podemos permitir que el silencio sea el aliado principal de los que asesinan impunemente a su prójimo por motivos de fe religiosa en países de África.

5 de junio de 2025

Merece dar voz a una Iglesia mártir como es la Iglesia en África, sobre todo, en países como Nigeria y Mozambique. En casi todas las fiestas principales, donde los cristianos se reúnen para la celebración de los sagrados misterios, hay horrorosas matanzas. La situación está llegando a tal grado de exasperación que ya algunos sacerdotes están advirtiendo que muchos cristianos no pueden más y se verán obligados a defenderse con armas si continúan los ataques y las autoridades no responden con prontitud y justicia.

Una de las ultimas masacres ha tenido lugar en la aldea de Aondona, diócesis de Makurdi, en el centro de Nigeria. El vicario general de pastoral y director de comunicación de la diócesis ha declarado que, si el gobierno no actúa con urgencia, «llegará un momento en que los cristianos se verán obligados a tomar las armas».

Según un informe de la ONG católica Intersociety, del año 2023, al menos 52.250 cristianos nigerianos han sido asesinados en los últimos 14 años. Ya en un informe de 2021 de la Comisión estadounidense para la libertad religiosa en el mundo, Nigeria estaba considerada como un trágico campo de exterminio.

Violencia en África

Los cristianos son mayoría en el sur de Nigeria y los musulmanes en el norte. Cierto que, en la reciente historia del país, la violencia no ha sido unidireccional. Nigeria, uno de los países más poblados de África, ha conocido después de su independencia, un golpe de Estado y fueron asesinados políticos y militares musulmanes.

También el joven país ha conocido luchas tribales, donde se aliaron musulmanes y cristianos de una tribu contra cristianos y musulmanes de otra. Sin embargo, en la actualidad la violencia extrema y las masacres, según las noticias que llegan a Occidente, son unidireccionales.

Mozambique es otro de los países de África donde el auge de la violencia extrema contra los católicos está teniendo un impacto devastador en asesinatos de sacerdotes y fieles y en destrucción de iglesias.

Poco podemos hacer, aparte de rezar y ayudar económicamente a estas iglesias, pero es necesario, al menos, hacerlo saber para que el silencio no sea el aliado principal de los que asesinan impunemente a su prójimo por motivos de fe religiosa.

Evangelio según san Juan: donde lo humano revela lo eterno

San Juan, que escribe su Evangelio ya anciano, detrás de cada acontecimiento de la vida temporal de Cristo, descubre siempre al mismo Verbo, al mismo Cristo intemporal, eterno.

18 de julio de 2025

Leyendo estos días el Evangelio según san Juan, me ha llamado la atención, con particular claridad, un aspecto fundamental que parece contrastar con la idea general que podemos hacernos de dicho Evangelio. Parecería que este último Evangelio canónico, escrito a finales del siglo I, después de los tres sinópticos, sería «teológico», entendiendo ese concepto como poco atento a los datos históricos concretos en los que se desenvolvió la vida terrena de Jesús de Nazareth.

Pero esta idea general sobre el cuarto Evangelio contrasta, desde el principio, con la realidad de lo que está concretamente escrito, en conformidad con el propósito del autor que, desde el principio, deja muy claro que quiere presentar lo verdaderamente humano de Jesús: «Y el Verbo se hizo carne» (Jn 1, 14).

Eternidad y humanidad

Sí, ciertamente, mira al Verbo en su eternidad, en su pre-temporalidad, pero no separado o pre-temporal sin más, sino en su unión con la «carne», con su humanidad, y, además, con su humanidad en lo que tiene de más débil y frágil.

Juan, que escribe su Evangelio ya anciano, detrás de cada acontecimiento de la vida temporal, histórica de Cristo, intuye, descubre siempre al mismo Verbo, al mismo Cristo intemporal, eterno, «que sigue en el seno del Padre» (cfr Jn 1,18), obrando sobre la tierra. Lo humano para nada contrasta con lo divino de Jesús, sino que es su transparencia y manifestación.

Unidad en el Evangelio

No hay dualismo, no hay docetismo gnóstico, sino unidad, aun en las horas más penosas de la pasión y muerte de Jesús. Precisamente en esos sufrimientos ve Juan brillar, con peculiar esplendor, la divinidad de Cristo, su eterno y definitivo Amor: «Y cuando yo sea elevado sobre la tierra, atraeré a todos hacia Mí» (Jn 12, 32). Los milagros, por su parte, más que obras de poder, son «señales», «resplandores» de su Amor, de su divinidad.

En definitiva, todos los hechos de la vida de Jesús, bien apegados a la tierra y a la historia, están colocados a la luz del Verbo eterno, del Hijo «Unigénito»: «Y el Verbo se hizo carne y habitó entre nosotros, y hemos contemplado su gloria: gloria como del Unigénito del Padre, lleno de gracia y de verdad» (Jn 1, 14).

El misterio de la salvación de las almas

Es natural plantearse la cuestión de qué almas están salvadas, pero es bueno dejar en el misterio de Dios lo que Dios ha querido dejar en el misterio de su sabiduría y de su misericordia.

30 de julio de 2025

El P. Antonio Spadaro ha anunciado que publicará un libro titulado «De Francisco a León XIV», en el que recogerá declaraciones del Papa León XIV cuando todavía era cardenal.

En esta obra, el cardenal Robert Francis Prevost recuerda una conversación con el papa Francisco, en la que el romano pontífice difunto expresó su «deseo-opinión» de que Judas hubiera sido salvado. Papa Francisco le mostró entonces una foto de una talla, que se encuentra en una catedral gótica de Francia, en la que se vio una imagen de Judas, después de haberse quitado la vida, y Jesús al lado de él, sosteniendo el cuerpo de Judas entre sus brazos.

El papa Francisco añadió: «no hay nada dogmático en esto, ¿qué podría significar? No hace falta entrar en toda la cuestión del cielo y el infierno; sí, existen, pero ¿es posible pensar que la misericordia de Dios pueda alcanzar incluso al peor de los pecadores?».

¡La salvación eterna! ¡La gran pregunta! ¿Todos ya salvados? ¿El infierno vacío?

Lo que el Señor ha querido dejar en el misterio, dejémoslo en el misterio. No vayamos más allá de lo que nos ha sido revelado. Hay una expresión tremenda de Jesús referida a Judas: «el Hijo del hombre se irá, tal como está escrito de Él, pero ¡ay de aquel que lo traiciona! Más le valiera a ese hombre no haber nacido. Acaso seré yo, Rabí, dijo Judas, el que lo iba a traicionar. Y Él le dijo: Tú lo has dicho» (Mt 26, 24).

Nos ha sido revelado también que Jesús rezó en la Cruz por los mismos que le habían llevado al suplicio y a la muerte: «Padre, perdónalos porque no saben lo que hacen» (Lc 23,34).

En fin, para no alargarnos más: dejemos en el misterio de Dios lo que Dios ha querido dejar en el misterio de su sabiduría y de su misericordia.

«No imponer más cargas de las necesarias» (Hechos, 15, 28-29)

"No imponer cargas innecesarias" (Hch 15, 28-29) refleja la libertad cristiana, guiada por el amor y no por normas rígidas. Como enseñan Jesús, y Pablo, la fe auténtica es respuesta libre y gozosa a su pregunta: "¿Me amas?" (Jn 21,17).

14 de agosto de 2025

«No imponer más cargas de las necesarias» (Hch, 15, 28-29). Me encontré hace unos días, releyendo Hechos de los Apóstoles, con estas palabras del primer Concilio de la Iglesia y, aunque leídas muchas veces, me impresionaron de modo particular. Están dichas en el contexto de la polémica entre los primeros cristianos judaizantes y los primeros cristianos venidos de la gentilidad. Se trató de un conflicto grave que la Iglesia, en sus primeros pasos, hubo de afrontar y nos enseña cómo el Espíritu Santo condujo a los apóstoles a tomar una decisión que resultó decisiva para aclarar la naturaleza de la salvación en Cristo y el posterior avance del Evangelio en todo el mundo.

Las palabras del Concilio de Jerusalén siguen la estela de aquellas pronunciadas por Jesús a los fariseos: «Imponen cargas pesadas y difíciles de llevar...» (Mt 23, 4). San Pablo enseñará a sus fieles de Corinto, en el contexto de las carnes sacrificadas a los ídolos, que actúen con libertad, procurando solamente que esa libertad no se convierta en ocasión de caída para los poco formados (Co 8, 9). Es decir, que solo el amor fraterno sea norma suprema de la libertad cristiana.

Aletea en todas las páginas del Nuevo Testamento ese espíritu de libertad: ¡no imponer cargas innecesarias! a lo que, a veces, somos tan propensos.

El prelado del Opus Dei, en una carta del 9 de enero de 2018, sobre la libertad cristiana, insiste en la profunda relación existente entre el amor a Dios y la libertad. Toda la vida cristiana es una respuesta libre a la pregunta que Jesús nos dirige personalmente: «¿Me amas?» (Jn 21,17).

«La vida cristiana –dice el Prelado– es una respuesta libre, llena de iniciativa y de disponibilidad, a esa pregunta del Señor» (n. 5).

No podemos perder nunca ese espíritu profundo de libertad y de responsabilidad personal genuinamente cristianos. A veces, no se sabe por qué, tendemos a atarnos o a atar a otros a normas u obligaciones que no son necesarias y que pueden oscurecer la alegría y la agilidad para la carrera que nos aguarda (cf. Heb 12, 1). «En la formación cristiana es también importante evitar –continua el Prelado– que un excesivo afán de seguridad o de protección encoja el alma, nos empequeñezca (n.12). En fin, toda la carta no tiene desperdicio e invito a leerla o releerla de nuevo porque será siempre con mucho provecho. Así me lo parece.

De san Pablo a Jaccob Gapp: salvados en esperanza

El Jubileo de la Esperanza convocado por el papa Francisco nos recuerda que la fe necesita la constancia de la esperanza para permanecer firme en medio de las pruebas.

28 de agosto de 2025

El Jubileo de la esperanza, convocado por el papa Francisco, para este año 2025, sigue su curso. Como sabemos, los Jubileos tienen su origen en la tradición hebrea y la Iglesia los convoca para conceder gracias especiales, entre ellas la posibilidad de obtener la indulgencia plenaria. Ha tenido particular resonancia el Jubileo de los jóvenes, celebrado en Roma, con la participación del Papa León XIV, en los últimos días del mes de julio.

Es pronto y, por otra parte, no se pueden hacer balances de los frutos espirituales de un Jubileo, pero para todos los católicos el Jubileo de la esperanza es una invitación a profundizar y vivir más plenamente esta virtud teológica.

La esperanza en san Pablo

San Pablo escribe a los cristianos de Roma: «justificados por la fe, tenemos paz con Dios por medio de nuestro Señor Jesucristo, por quien también tenemos entrada por la fe a esta gracia, en la cual estamos firmes y nos gloriamos en la esperanza de la gloria de Dios» (Rm 5, 1-2). El papa Benedicto XVI, en la encíclica *Spes salvi*, del 30 de noviembre de 2007, enseña que «la esperanza es una palabra central de la fe bíblica, hasta el punto de que, en muchos pasajes, las palabras fe y esperanza parecen intercambiables. Así, por ejemplo, en este mismo pasaje o en la Carta a los hebreos donde su autor une estrechamente «la plenitud de la fe» (10,22) con «la firme confesión de la esperanza» (10,23)».

Se puede decir, por tanto, que la virtud de la esperanza precisa y enriquece la virtud de la fe con la calidad de la constancia, de la fidelidad, de la permanencia. Vivir la virtud de la esperanza sería, pues, permanecer firmes en la fe. La fe necesita de esta fidelidad y permanencia porque, en esta vida, viene sometida a pruebas y, en muchas ocasiones, a duras pruebas. El texto de san Pablo a los romanos, citado más arriba, continúa: «y no sólo esto, sino que también nos gloriamos en las tribulaciones, sabiendo que la tribulación produce paciencia y la paciencia prueba y la prueba esperanza» (Rm 5, 3-4).

A su vez, esta permanencia en la fe, que es la esperanza, viene sostenida, en último término, por el amor de Dios: «la esperanza –concluye el Apóstol– no se avergüenza, porque el amor de Dios ha sido derramado por el Espíritu Santo, que nos fue dado» (Rm 5,5).

Así que, podemos concluir, estar «salvados en esperanza» (Rm 8,24), pero una esperanza del todo confiable, gracias a la cual podemos afrontar nuestro presente, aunque sea fatigoso. La esperanza cristiana es confiable porque lleva hacia una meta, porque podemos estar seguros de esa meta y porque esta meta es tan grande y gloriosa que justifica el esfuerzo del camino.

Sólo que debemos vivir esta esperanza, que hunde sus raíces en la fe, con la seguridad de una convicción personal y profunda.

Jaccob Gapp

Jaccob Gapp fue un sacerdote y educador marianista, austriaco, que fue guillotinado por el régimen nazi el 13 de agosto de 1943 y beatificado por san Juan Pablo II el 24 de noviembre de 1996. Fichado por las autoridades nazis cuando estaba en Austria, sus superiores lo trasladaron a Francia y, de ahí, a España, pero, en noviembre de 1942, du-

rante una excursión desde España, cruzó la fronte-
ra con Francia y ahí lo detuvo la Gestapo. Se acaba de publicar en castellano el libro sobre su vida
titulado «Todo pasa, solo cielo permanece», cuyo
autor y editor es el padre Emilio Cárdenas.

Jaccob Grapp parece que no tenía «madera de
santo». De carácter poco sereno, apasionado e im-
pulsivo, sin embargo, sus cartas desde la cárcel
son un testimonio espléndido de esperanza cristiana. «Sólo el cielo permanece», escribe, o también «hay que vivir y expresar las convicciones
(cristianas) como cuentos y no como probabilida-
des» o, por último, «no podré hablar a otros de
mi esperanza hasta que no la haya hecho mía in-
teriormente». Heinrich Himmler, jefe de la Gestapo, comentó que, si el millón de los miembros del
partido nazi estuvieran tan comprometidos como
el padre Gapp, Alemania conquistaría el mundo
sin dificultad.

La fe es «hypostasis»

Esta seguridad no hunde sus raíces en una convicción puramente subjetiva. La virtud de la esperanza cristiana no es sólo «todo futuro», sino que
poseemos ya, de algún modo, «algo» de la herencia que nos espera. Benedicto XVI comenta esto

en la encíclica «Spes salvi» número 7, haciendo la exégesis del texto de la Carta a los hebreos 11,1: «la fe es garantía de lo que se espera; prueba de lo que no se ve». La fe es «hypostasis» de lo que se espera y prueba de lo que no se ve. Los padres y teólogos de la edad media traducen la palabra griega «hypostasis» con el término latino «sustancia». Con la fe comienza en nosotros la vida eterna. En germen ya están en nosotros las realidades que se esperan.

Las traducciones protestantes, que después han influido también en algunas traducciones católicas, han reducido esta palabra «hypostasis/substancia» a su sentido subjetivo, dejando de lado su sentido objetivo. La palabra «hypostasis» no es sólo expresión de una pura aptitud interior, como una disposición del sujeto, que es cierta, pero no hace toda la justicia al término «hypostasis/sustancia». No es sólo convicción interior, sino también «prueba», «arras». Pensemos sólo, por ejemplo, en la doctrina católica sobre la Eucaristía.

El papa León XIV pidió a los jóvenes, durante la misa del Jubileo de Tor Vergata, «dar voz a la esperanza que nos da Jesús vivo, hasta los últimos confines de la tierra». Que sea esta petición del Papa el fruto del Jubileo 2025.

El celibato sacerdotal es mucho más que una norma disciplinar

El sacerdocio ministerial encarna a Cristo y transmite su presencia a la Iglesia a través del servicio, el celibato y los sacramentos.

16 de octubre de 2025

Hace algún tiempo me sorprendí al leer unas declaraciones del cardenal Walter Kasper en las que expresaba su convicción de que el libro «Desde lo más hondo de nuestros corazones», escrito por el cardenal Robert Sarah cvon Joseph Ratzinger Benedicto XVI, ya como Papa emérito, había frustrado un intento, por parte de una mayoría de los que habían participado en el Sínodo sobre la Amazonia, celebrado entre los días 6 y 27 de octubre de 2019, para que, al menos en algunos territorios de la Iglesia como en la propia Amazonia, pudieran ser ordenados sacerdotes hombres casados, que ya son diáconos permanentes o los llamados «viri probati».

Las declaraciones tan sorprendentes del cardenal Walter Kasper me llevaron a leer el susodicho libro que, a mi parecer, a parte de su orientación exhortativa y apasionada, contiene doctrina y teología de la buena sobre el sacerdocio ministerial; doctrina y teología que fundamentan la antiquísima norma eclesial, confirmada por el Concilio Vaticano II y documentos magisteriales postconciliares, de exigir a los sacerdotes «observar una continencia prefecta y perpetua por el Reino de los cielos» (c. 277,1 del Código de derecho canónico). El cardenal Robert Sarah insiste en no dejarse llevar, en este terreno, por el «funcionalismo» o por el «eficientísimo». En efecto, el sacerdocio ministerial desempeña una «función», un «servicio» cuya importancia en la Iglesia, tal como ha sido querida por su Fundador, es de primer orden, pues es la «función» o «servicio» de Cristo Cabeza, Sumo sacerdote, Pastor y Esposo de su Iglesia.

Insistimos hoy, con razón, que el sacerdocio ministerial no puede ser concebido ni ejercido como un poder temporal, un honor o un modo de «establishment» que, en el pasado, pudo tener un cierto reconocimiento social.

Un servicio instituido por Cristo

El sacerdocio ministerial es un servicio eclesial y quien lo ejerce debe ejercerlo como un verdadero y sincero servidor de todos. Sin embargo, es un «servicio» o «función» (ministerio) que la Iglesia no crea Ella misma como Institución en el mundo para estar mejor organizada y ser más eficaz en su

misión de anunciar el Evangelio. ¡No! El sacerdocio ministerial es el ministerio que Cristo mismo
instituye. Es el ministerio del mismo Cristo como
Cabeza, Sumo sacerdote, Pastor y Esposo a su Iglesia. El sacerdote ministerial «impersona» a Cristo
precisamente en esas funciones y Cristo fue célibe
y no tuvo más esposa que a su comunidad, que necesita de la actuación de su Cabeza y no pude auto-
construirse o autorrealizarse a sí misma. Es Cristo
mismo quien confirió a los Apóstoles este ministerio y es trasmitido en la Iglesia por un especifico
sacramento.

El sacerdote ministerial actúa de forma inmediata en los actos de su ministerio «in persona Christi
Capitis», en la persona de Cristo Cabeza, lo cual
implica que el sacerdote ministerial es un instrumento vivo y libre, a través del cual Cristo mismo
obra en su Iglesia. Esto es evidente en el ejercicio
de los «tria munera», de las tres funciones, propias
de este ministerio y que son, entre sí, inseparables;
en el ejercicio de Cristo como Maestro de la verdad, en la identificación con el Buen Pastor que
da la vida por las ovejas y en la administración de
los sacramentos, sobre todo, en la Eucaristía y en
la Penitencia, donde sólo el sacerdote ministerial
puede pronunciar las palabras en primera persona,
que es la de Cristo: «Esto es mi Cuerpo», «Este es el
cáliz de mi Sangre» o en el sacramento de la peni-

tencia: «Yo te absuelvo de tus pecados...». También en formulas rituales que, a veces, nos pasan desapercibidas como: «orad, hermanos, para que este sacrificio mío y vuestro» donde el «mío» está por Cristo o «podéis ir en paz», en vez de, «podemos ir en paz».

Todo ello nada resta a la condición humana pecadora y falible del ministro. Esta presencia tan viva e inmediata de Cristo en sus ministros no debe ser entendida como si éste estuviera exento de las flaquezas humanas. También él actúa en nombre de toda la Iglesia, que se une a la oración y la ofrenda de su Cabeza y único Salvador.

Por todo ello se entiende que el celibato de los sacerdotes ministeriales es mucho más que una norma disciplinar. El loable deseo que todas las comunidades cristianas tengan la Eucaristía frecuente y el servicio sacerdotal no puede llevarnos a una mentalidad «eficientista», considerando el celibato como una pura norma disciplinar, que puede cambiarse sin mayor problema, sino a crear comunidades cristianas de fe vivida y autentica, rogando con plena confianza al Dueño de la mies que envíe operarios a su mies (cf. Mt 9,38).